UNSER VORTÄGLICHES BROT

FÜR MENSCHEN MIT HERZ FÜR LEBENSMITTEL

GESTER
vortäglich

zukünftig
MORGEN

Für unsere Kinder Lucas und Jacob.
Für die Welt.

INHALT

8_DESSERT

9_PARTY

10_IM GLAS

Wirst du auch ein Begleiter meiner Vision?

Eine Idee und Vision braucht starke Partner, die sie mittragen.
Die Binding Brauerei, FES mit dem #Mainbecher, Best Worscht in Town, das Restaurant Zum Bären und der Eishockeyverein Löwen Frankfurt begleiten mich schon lange. Und sie haben alle etwas gemeinsam – die absolute Überzeugung, dass bei den Themen Ressourcenmanagement und Umweltschutz etwas getan werden muss. Mit ihnen sind genau zu diesen Themen tolle Projekte entstanden und deshalb gehören sie hier auch mit ins Buch! Sei gespannt, was sie mir noch so alles verraten haben.

*Mit den Sternchen im Inhaltsverzeichnis markiert, findet ihr die Gemeinschaftsprojekte.

1 _STARTKLAR

Gut zum Essen.

Schön, dass du dieses Buch in den Händen hältst. Vorab gesagt, meine Rezepte sind weder aufwendig noch erfordern sie die Fähigkeiten eines Meisterkochs. Dennoch möchte ich dir ein paar einleitende Worte mitgeben, damit du bei dem Thema - Kochen und Backen mit übrig gebliebenen Backwaren - bald ein Profi bist.

GUTE GRUNDLAGEN

Ich verwende in meinen Rezepten trockene Backwaren. Je nach Konsistenz kann die benötigte Flüssigkeitsmenge variieren. Wenn die Backwaren nicht ganz so trocken sind, benötigst du etwas weniger Flüssigkeit.

Für ein intensiveres Aroma werden die Brotscheiben in einigen Rezepten geröstet. Das klappt am besten im Backofen oder einfach im Toaster.

Verwende bitte nur Backwaren, die noch einwandfrei sind. Trocken und hart ist gut und in den meisten Fällen sogar perfekt zum Weiterverarbeiten. Schimmelige Backwaren, sei es auch nur eine kleine Stelle, bitte entsorgen.

Bei Backwaren ist es nicht einfach, das Gewicht eindeutig zu definieren. Die Brötchen haben je nach Trockenheit ein schwankendes Gewicht und auch eine Brotscheibe hat kein Standardgewicht. Deshalb werden hier die Backwaren in Gramm angegeben.

WENN WAS ÜBRIG BLEIBT

Brot ist übrig, du willst aber nicht sofort ein Rezept aus dem Buch kochen? Kein Problem. Nutze die Restwärme beim Gebrauch des Backofens und trockne übrige Backwaren. So sparst du Energie und hast immer einen Vorrat für die Gerichte. Die Reste am besten in einem Glas- oder Keramikgefäß lagern, nicht in Plastikverpackungen.

Bananen, die schon braun sind, einfach schälen und einfrieren. Sie sind perfekt zum Backen oder für Shakes.

Aus Gemüseresten stellst du leicht deine eigene Gemüsebrühe her. In meiner Küche gibt es seit Jahren schon keine gekaufte mehr. >> Auf Seite 69 findest du mein Rezept dazu.

Kräuter-, Ingwer- oder Knoblauchreste mit Öl pürieren und in Gläser füllen. Im Kühlschrank lagern und portionsweise entnehmen.

SEI KREATIV

Ich habe versucht, meine Rezepte so „einfach" wie möglich zu halten. Resteverwertung soll nicht nur auf Backwaren reduziert sein, sondern schau auch auf deine Vorräte. Ersetze Zutaten mit Produkten aus deinem Vorratsschrank.

Für unsere Gäste fülle ich viele Speisen schon in kleine Gläser. Es sieht viel schöner aus und wenn etwas übrigbleibt, habe ich direkt was für den nächsten Tag. Das passiert allerdings nicht so oft, unsere Gäste nehmen die Reste lieber mit nach Hause.

ÜBERLEGT EINKAUFEN

Checke vor dem Einkaufen, was du noch zu Hause hast. Oft lassen sich aus verschiedenen Resten noch die leckersten Gerichte zaubern. Ich bin früher immer „nach Lust und Laune" einkaufen gegangen, mittlerweile passiert das viel überlegter und ich kombiniere die Reste aus dem Kühlschrank für eine Mahlzeit. So essen wir weiter abwechslungsreich, aber mit einem besseren Gefühl.

KÜCHENGERÄTE

Ich verwende eine Küchenmaschine und einen Stabmixer. Die Küchenmaschine ist super, um das Brot zu mahlen und Teige herzustellen. Auch die Shakes mache ich in der Küchenmaschine. Meinen Stabmixer liebe ich für Suppen, Saucen und Salatdressings.

Aber auch ohne Küchenmaschine bekommst du Brot zerkleinert, entweder mit einem Mixaufsatz vom Stabmixer oder ganz einfach mit der Handreibe.

PHANTASIE IST DER ANFANG

Ich saß mal wieder mit unserer Grafikerin zusammen, um Aktionen für unsere Bäckerei und unsere Cafés zu planen. Ideen entstanden, mein Kopf voller Rezepte und ich sagte unbewusst „Irgendwann schreib ich mal ein Buch, es gibt so tolle Sachen.“ Es kam ein „Ja, warum eigentlich nicht?!“ zurück und die Idee verließ meinen Kopf nicht mehr.

Ich wusste von Anfang an, dass mein Kochbuch nicht bloß eine Sammlung von Rezepten sein sollte. Geschichten sollen erzählt und Tipps und Tricks gegen Lebensmittelveschwendung geteilt werden.

Ich bin keine gelernte Köchin, koche einfach gerne und kreativ – ohne viel Planung und bin eine Meisterin der Improvisation.

Wir sind eine Bäckerfamilie und haben „nie“ frisches Brot zu Hause. Diese Tatsache zusammen mit meiner Angewohnheit, ungern Lebensmittel wegzuwerfen, hat mich auf eine Idee gebracht. Wie wäre es, ein Kochbuch zu haben... voller Rezepte aus Resten von Brot, Brötchen und Kuchen? Weit weg von Brotsalat und „Arme Ritter“, sondern das Thema zeitgemäß und neu gedacht.

Entstanden und nun in deinen Händen ist mein Herzensprojekt „Unser (vor)tägliches Brot“. Ein Kochbuch mit vielen Rezepten, aber auch mit Mehrwert und Ideen, wie du es schaffen kannst, Lebensmittel länger haltbar zu machen und einfach weniger wegzuwerfen.

Vielleicht ein Anfang für eine WERTvollere Welt....

Die erste Filiale der Bäckerei Huck
an der Konstabler Wache in Frankfurt
1936

Johanna und Heinrich Huck

FÜR MENSCHEN MIT HERZ FÜR LEBENSMITTEL

1936. Bäckermeister Heinrich Huck gründet an der Konstabler Wache in Frankfurt am Main die Bäckerei Huck. In der Kriegszeit zerstört, an anderer Stelle wieder aufgebaut und das Erbe an die Söhne weitergegeben. So nahm es seinen Lauf, die Bäckerei wurde erweitert, neue Standorte öffneten und alles wurde von Generation zu Generation erhalten. Bis heute ist die Bäckerei und Konditorei zu 100 % in Familienbesitz.

Wir, das sind Tanja und Alexander Huck, haben nicht nur ein Herz für unsere Bäckerei, sondern suchen seit Jahren einen Weg zu mehr Nachhaltigkeit und weniger Verschwendung.

Denn wer kennt das nicht: im Brotkasten liegt trockenes Brot, das keiner mehr essen mag. Es ist schon hart und trocken und ganz sicher pur nicht mehr lecker. Also was tun? Auf zum Ponyhof oder zum Ententeich? Nein, denn mit trockenem Brot kannst du noch ein paar köstliche Rezepte zaubern und es in wahre Leckerbissen verwandeln.

Was erwartet dich hier? Dieses Buch ist kein traditionelles Kochbuch. Es zeigt, wie man schnell und einfach Reste von Backwaren zu grandiosen neuen Speisen verarbeiten kann. ABER wir nehmen dich auch mit auf den Weg zu mehr Bewusstsein und dem achtsamen Umgang mit unseren Ressourcen. Wir teilen hier Tipps und Tricks unserer jahrelangen Erfahrung gegen Lebensmittelverschwendung.

Lass dich von uns unterhalten, inspirieren und informieren. Kreiere deine eigenen Rezepte und trage so ein kleines Stück zu einer WERTvolleren Welt bei.

Tanja & Alex

2_BACKEN

Sweet & easy.

SPONTANE GÄSTE?

Immer herzlich willkommen!

SCHICHT-TORTE

Diese Torte ist das Highlight auf jeder Kaffeetafel. Und das Beste ist, dass sie sich so gut vorbereiten lässt. Du kannst die Tortenböden und die Puddingcreme am Tag vorher vorbereiten und kaltstellen. Dann musst du nur noch die Torte schichten und hast innerhalb von 5 Minuten eine Traumtorte gezaubert. Schneller geht es wirklich nicht.

Jedem Gast sein eigenes Törtchen? Kein Problem! Steche aus dem ausgerollten Mürbeteig einfach 12 kleinere Tortenböden aus und stapele dann vier kleine Törtchen. Beim „Dazwischen“ kannst du kreativ werden. Bananenscheiben und Kakaonibs sorgen für einen schokoladigen Biss, das ist meine persönliche Lieblingskombi.

ZUBEREITUNG

Den Mürbeteig auf einem Backpapier ausrollen und 3 Kreise mit einem Durchmesser von 20 cm ausstechen. Wenn du keinen Ausstecher zur Hand hast, klappt das ganz einfach mit einem umgedrehten Topf. Die Kreise im vorgeheizten Backofen bei 200 °C (Ober-/Unterhitze) 10 Minuten backen und abkühlen lassen.

Während die Teigböden abkühlen, Pudding nach Packungsanweisung herstellen. Die Sahne mit Sahnesteif steif schlagen und unter den Pudding heben.

Den ersten Tortenboden auf eine Tortenplatte oder einen Teller legen und mit der Puddingcreme bestreichen. Ein Drittel der Beeren (oder das Obst deiner Wahl) auf der Creme verteilen und den zweiten Boden aufsetzen. Wie viele Schichten deine Torte bekommt, kannst du selbst entscheiden. Den letzten Tortenboden vorsichtig aufsetzen, Puddingcreme darauf verteilen und mit den restlichen Beeren verzieren. Die Torte bis zum Servieren kaltstellen. Vor dem Servieren mit Puderzucker bestreuen.

Wenn was übrig bleibt:

Weißbrot, Brötchen, Baguette, Hefegebäck

Grundrezept: Süßer Mürbeteig

» Das Rezept hierzu findest du auf Seite 96.

Zutaten für 1 Torte
Durchmesser 20 cm, dreistöckig

1 Portion süßer Mürbeteig
1 Päckchen Vanillepuddingpulver
(alternativ Pudding selber machen)
Milch für den Pudding laut Packungsangabe
200 g Sahne
1 Päckchen Sahnesteif
200 g Beeren
Puderzucker als Dekoration

Upcycling!
Hier kannst du
wunderbar übrig
gebliebene Weihnachts-
männer- oder Osterhasen-
Schokolade
verwenden!

BROT-FLORENTINER

Wusstest du, dass Florentiner keine Verbindung mit der Stadt Florenz haben und in Italien gänzlich unbekannt sind? Wahrscheinlich ist das Rezept in Frankreich entstanden und in Süddeutschland genießt man Florentiner als traditionelles Weihnachtsgebäck. Bei uns zu Hause haben die kleinen süßen Plätzchen das ganze Jahr Saison.

ZUBEREITUNG

Die Schokolade mit dem Kokosöl im Wasserbad schmelzen. Öl in der Pfanne erhitzen, währenddessen das Brot in sehr kleine Würfel schneiden und mit dem Vanillezucker vermischen. Das Brot in der Pfanne von allen Seiten knusprig anbraten. Die Brotwürfel gleichmäßig in einer Muffinform (wenn sie nicht aus Silikon ist, bitte einölen) verteilen und die geschmolzene Schokolade darüber gießen. Die Florentiner sollten ungefähr zwei Zentimeter hoch sein. Die gehobelten Mandeln über die noch flüssige Schokolade streuen. Die Florentiner in der Form eine Stunde im Kühlschrank fest werden lassen. Danach aus der Form lösen und schmecken lassen.

Wenn was übrig bleibt:

Körnerbrot, Körnerbrötchen, Weißbrot, Hefegebäck

Zutaten für 12 Stück

200 g Backwaren
1 Päckchen Vanillezucker
1 EL neutrales Öl für die Pfanne
100 g Schokolade
1 EL Kokosöl
2 EL Mandeln gehobelt

Tipp: Brot in Streifen schneiden und trocknen lassen. Das Brot schimmelt dann nicht und du hast immer eine Grundlage für viele Gerichte aus diesem Buch.

Wusstest du es?

Gummihühner gehören zum Löwen-Eishockey wie Äppler zu Frankfurt. Die Fans werfen sie seit 40 Jahren bei strittigen Schiedsrichter-entscheidungen aufs Eis.

Das Rezept für die Pucks findest du auf der übernächsten Seite!

Rüdiger Storch ist Stadionsprecher des Eishockeyvereins Löwen Frankfurt und nimmt gegenüber dem Gegner kein Blatt vor den Mund. Aber was landet darin?

Brot und Spiele

Du bist in deiner Funktion als Stadionsprecher vor allem für deinen Einsatz mit Leib und Seele bekannt. Wie werden Leib und Seele bei dir kulinarisch glücklich?

Ich liebe saisonale Gerichte, erst Spargel mit Sauce Hollandaise, im Sommer Grüne Soße, dann Klöße mit Pfifferlingen und zum Ende des Jahres eine leckere Gans mit Rotkraut und Klößen. Und natürlich ein leckerer Lebkuchen mit Mandeln und Zuckerschicht. Da habe ich immer etwas, worauf ich mich ganz besonders freue.

Wusstest du, dass es in Deutschland über 200 Begriffe für das Brotendstück gibt? Wie sagst du dazu?

Nein, das habe ich nicht gewusst und hätte vielleicht 5 geschätzt. Ich nenne es Krüstchen.

Wir haben hier ein Buch vor uns, das sich mit viel Herzblut und Kreativität gegen Lebensmittelverschwendung stellt. Hand aufs Herz, was ist bei dir als Letztes im Müll gelandet?

Leider zum wiederholten Mal ein Rest des verschimmelten Toastbrotes.

Und welches Rezept wirst du als nächstes direkt ausprobieren?

Puhhh, da kann ich mich noch gar nicht entscheiden. Und ganz ehrlich, so talentiert bin ich in der Küche auch nicht. Allerdings ist mir das Bild von deinen vegetarischen Frikadellen im Kopf geblieben. Die werde ich demnächst mal ausprobieren.

POWER PUCKS

Was als witzige Idee für die Eishockey Löwen angefangen hat, entpuppte sich schnell als Geheimtipp! Müslitaler sind ein leckerer Pausensnack, Wegbegleiter oder einfach Tagversüßer. Mach ruhig ein paar mehr davon. Du kannst sie nämlich wunderbar einfrieren!
Kombiniere, was dein Vorratsschrank gerade parat hat und zaubere zahlreiche Varianten!

ZUBEREITUNG

Heize den Backofen auf 180 °C (Ober-/Unterhitze) vor.

Die Brot- oder Brötchenscheiben entweder 10 Minuten in den Backofen legen oder im Toaster knusprig toasten. Abkühlen lassen und in der Küchenmaschine zerkleinern. Mandeln, Schokodrops und Trockenobst dazugeben und kurz weiter mixen. In eine Schüssel umfüllen und mit den restlichen trockenen Zutaten vermengen.

Kokosöl, Mandelmus und Agavendicksaft in einem Topf erwärmen, miteinander verrühren und über die trockenen Zutaten geben. Alles miteinander vermischen und aus der Masse gleichmäßige Taler formen. Achte darauf, dass sie fest zusammengedrückt werden, das geht mit einer Burgerpresse ganz einfach. Auf ein mit Backpapier ausgelegtes Backblech legen und 20 Minuten im Backofen backen. Nach dem Abkühlen luftdicht verpacken.

Wenn du magst, kannst du sie auch noch verzieren.

Wenn was übrig bleibt:

Körnerbrot, Körnerbrötchen

Zutaten für 8 Pucks

150 g Brot oder Brötchen
100 g Mandeln gehackt
40 g Kokosöl
4 EL Agavendicksaft
1 EL Mandelmus
50 g Schokodrops
50 g Trockenfrüchte
1 TL Zimt
2 El Chiasamen
2 EL Amaranth gepufft

Die Löwen Power Pucks kannst du in unserer yestern.day Filiale (Seite 82) in Frankfurt kaufen und damit ein soziales Projekt unterstützen!

Lebensmittelabfälle im Jahr in Deutschland:

12 MILLIONEN TONNEN

Etwa 75 kg Lebensmittel wirft jeder Verbraucher im Privathaushalt im Schnitt im Jahr weg. Das sind 52 % der Gesamtabfallmenge.

Quelle: Bundesministerium für Ernährung und Landwirtschaft

SÜSSER
MÜRBETEIG À LA CRUMBLE

Rezepte mit Streuseln gehören zu meinen persönlichen Favoriten. Ich liebe Streusel in allen Variationen und gerne auch pur.
Süßer Crumble mit Äpfeln ist ein Klassiker und man kann wirklich nichts falsch machen. Höchstens mit zu wenig Streuseln belegen. Auch wenn es nicht mehr wirklich ein Crumble ist, liebe ich es, einen dünnen Mürbeteig unter die Äpfel zu machen.
Wenn du es noch süßer magst, füge noch etwas Marzipan hinzu und serviere den Crumble mit einer Kugel Vanilleeis.

ZUBEREITUNG

Backwaren in der Küchenmaschine zu Paniermehl verarbeiten. Mehl auf die Arbeitsplatte geben, die Butter in Stückchen darauf verteilen und den Zucker dazugeben. Mit den Händen zu einem Teig kneten und daraus eine Kugel formen. Ist der Teig noch zu krümelig, etwas kaltes Wasser hinzufügen. Die Teigkugel in einer Schüssel 30 Minuten in den Kühlschrank stellen. Auf einer bemehlten Arbeitsplatte ausrollen und eine eingefettete Tarte- oder Auflaufform damit auslegen.
Den Teig am Rand hochziehen und den Boden mit einer Gabel mehrmals einstechen.
Bei 180 °C (Ober-/Unterhitze) im vorgeheizten Backofen 5 Minuten vorbacken und etwas auskühlen lassen.
Äpfel vierteln und vom Kerngehäuse befreien. In dünne Scheiben schneiden und dicht an dicht den Boden damit belegen. In einem Topf das Kokosöl mit Zucker und Zimt schmelzen, verrühren und auf den Äpfeln verteilen, die Mandeln darüber streuen und mit den Butterstreuseln bedecken. Im Backofen 25 Minuten goldbraun backen.

Tipp:
Natürlich kannst du statt Äpfeln auch anderes Obst wie zum Beispiel Beeren verwenden. Tiefkühlobst funktioniert auch!

Wenn was übrig bleibt:

Weißbrot, Brötchen, Hefegebäck

Zutaten für 1 Blech oder 3 Böden à 20 cm Durchmesser

- 250 g Backwaren
- 160 g kalte Butter
- 80 g Zucker
- Eventuell 50 ml kaltes Wasser
- Mehl für die Arbeitsplatte
- 1 Portion Butterstreusel ungebacken
  » Rezept hierfür findest du in Kapitel 5 auf Seite 80.
- 3 Äpfel
- 2 EL Kokosöl
- 1 EL brauner Zucker
- 1 EL Mandelblättchen
- 1 TL Zimt

Wichtig ist, dass du kalte Butter verwendest und den Teig nicht zu lange knetest. Am besten kühlst du ihn nach dem Kneten, dann lässt er sich besser ausrollen und weiterverarbeiten.

EINGEROLLTES BACKPAPIER!

Wer kennt das nicht?

Mein Tipp: Einfach Backpapier zusammenknäulen! Wieder auseinander ziehen...

Ta-taa! Nun lässt sich das Backpapier einfach aufs Blech legen!

KEINE MUFFIN-FÖRMCHEN ZU HAUSE?

Einfach selber machen!

Backpapier in quadratische Stücke schneiden.

Je einen Bogen in ein kleines Glas drücken. Hier kannst du auch ein kleineres Glas zu Hilfe nehmen.

GESTOCHEN SCHARF.

Brotscheiben mit Motivausstechern ausstechen, mit Butter oder Olivenöl bestreichen und nach Lust und Laune belegen - so kann man tolle Partyhäppchen oder eine kleine Vorspeise zaubern.

Als süße Variante kannst du die Brotscheiben in der Pfanne mit Kokosöl anbraten und mit Zucker und Zimt bestreuen.

Trockener Kuchen? Einfach mit der Gabel einstechen und mit Orangensaft, Kakao oder Likör beträufeln. Etwas einziehen lassen und schon hast du einen saftigen Kuchen.

Ich backe das Bananenbrot mit Margarine, dann ist es gleichzeitig auch vegan.

BANANENBROT

Die köstlichste Verwertungsmöglichkeit für überreife Bananen, die man sich vorstellen kann. Ich friere regelmäßig Bananen ein und habe so für mein Bananenbrot immer genügend auf Vorrat.

Die Scheiben vom Bananenbrot lassen sich ebenfalls super einfrieren oder auch luftdicht verschlossen mehrere Tage aufbewahren. Du kannst das Rezept ganz vielseitig nutzen, mit getrockneten Früchten statt Schokolade und Walnüssen statt Mandeln. Auch mit Erdnüssen ist es total lecker. Es lässt sich als Muffins oder in einer kleinen Kastenform backen. Mit Kuvertüre oder Puderzucker verziert - et voilà - der Kuchen ist fertig.

ZUBEREITUNG

Butter im Topf erwärmen. Sobald sie flüssig ist, den Zucker zugeben und beides mit dem Schneebesen schaumig schlagen. Die Bananen mit der Gabel zerdrücken und zur Butter geben. Die Backwaren in grobe Stücke schneiden und in der Küchenmaschine zerkleinern. Backpulver, Zimt und Salz zufügen und verrühren. Alles zu der Bananen-Butter-Mischung geben und zu einem geschmeidigen Teig verrühren. Die gehackten Mandeln und die gehackte Schokolade unter den Teig heben. Eine Kastenform mit Butter einfetten und den Teig darin verteilen. In den Backofen stellen und bei 180 °C (Umluft) 40 Minuten backen. Mit einem Holzstäbchen in den Teig stechen, um zu schauen ob er fertig ist. Bleibt kein Teig am Stäbchen hängen, ist das Brot perfekt, ansonsten noch ein paar Minuten weiterbacken. Aus dem Backofen nehmen und etwas abkühlen lassen. Aus der Form stürzen und noch weiter abkühlen lassen.

Wenn was übrig bleibt:

Brötchen, Brot, Baguette

Zutaten für 1 Kastenform

200 g Backwaren
100 g Butter und etwas für die Form
600 g Bananen reif
100 g brauner Zucker
120 g Mandeln gehackt
50 g Zartbitterschokolade gehackt
1 TL Zimt
1,5 TL Backpulver
1/2 TL Salz

APFELKUCHEN-BAGUETTE

Hier teile ich ein Rezept mit dir, was sich so wirklich nirgends finden lässt. Es ist mit viel Lust auf Süßes und wenig Motivation zum Backen entstanden. Auch das kommt bei mir manchmal vor. Der Spaß kommt dann beim Zubereiten, denn in 20 Minuten ist alles fertig und das ganze Haus duftet nach warmen Äpfeln.

ZUBEREITUNG

Das Baguette einmal längs in der Mitte durchschneiden und die Ober- und Unterseite mit der Schnittfläche nach oben auf ein mit Backpapier ausgelegtes Backblech legen. Die Äpfel vom Kerngehäuse befreien und in dünne Scheiben schneiden. Jeweils die Hälfte der Crème fraîche auf eine Baguettehälfte streichen und die Apfelspalten fächerartig darauf verteilen. Mandeln, Zimt und Zucker über die Äpfel streuen und das Backblech in den Backofen schieben. Bei 190 C° (Umluft) 15 Minuten backen bis die Baguettehälften goldbraun sind. Aus dem Ofen holen, jedes Baguette noch mal halbieren und lauwarm mit Vanilleeis oder Vanillesoße servieren.

Du wirst es lieben!

Wenn was übrig bleibt:

Baguette

Zutaten für 4 Personen

1 Baguette
4 Äpfel
1 Becher Crème fraiche
6 EL Mandelsplitter oder Mandeln gehobelt
4 EL braunen Zucker
2-3 TL Zimt

Die Süßspeise wurde erstmals 1854 der österreichischen Kaiserin Elisabeth serviert, dabei soll die Süßspeise beim Anrichten versehentlich zerrissen sein, dies wurde später zum besonderen Merkmal.

KAISERSCHMARRN

Dieses Rezept ist wieder ein Beispiel dafür, wie einfach und schnell leckere Kleinigkeiten zubereitet werden können. Wenige Zutaten und noch weniger Zeitaufwand und schon gibt es Kaiserschmarrn. Er schmeckt vielleicht anders als auf der Alm in den Bergen, aber glaube mir, so lecker!
Gerade keine Eier zuhause? Kein Problem, einfach etwas mehr Flüssigkeit nehmen.
Ich liebe dieses Gericht mit etwas Puderzucker. Du kannst aber nach Lust und Laune frisches Obst, Fruchtmus, Schokosauce oder Kompott dazu essen.

ZUBEREITUNG

Backaren in mundgerechte Stücke schneiden. Milch erwärmen, Backwaren mit der Milch übergießen und 5 Minuten ziehen lassen. Eier mit Zucker vermischen, nach Belieben etwas Zimt hinzufügen. Die Mischung zu den eingeweichten Backwaren geben und verrühren. Öl in der Pfanne erhitzen und die Backwarenwürfel von allen Seiten goldbraun anbraten. Vor dem Servieren nach Belieben noch mit Puderzucker bestäuben.

Wenn was übrig bleibt:

Brötchen, Baguette, Weißbrot, Hefegebäck, Croissant

Zutaten für 4 Personen

300 g Backwaren
2 Eier
250 ml Milch
3 EL Zucker
Öl für die Pfanne
Puderzucker zum Bestäuben

3_HERZHAFTES

Alles außer süß.

Anstelle von Spinat kannst du natürlich auch anderes Gemüse verwenden.

SPINAT-GNOCCHI

„Das ist mein neues Lieblingsgericht" war der erste Satz meines Sohnes, nachdem er die ersten Gnocchi direkt aus der Pfanne genascht hat. Das war schon ein Riesenkompliment!
Dieses Rezept ist extrem wandelbar. In der Pfanne mit Pilzen angebraten und dazu einen Salat oder ganz klassisch mit Käse überbacken und mit Tomatensoße serviert.

ZUBEREITUNG

Backwaren in kleine Stücke schneiden und in der Küchenmaschine fein mahlen. Die restlichen Zutaten bis auf die Schnittlauchröllchen zufügen und zu einem Teig verarbeiten. Ist er zu klebrig, etwas Paniermehl dazugeben. Die Schnittlauchröllchen unterheben und den Teig in vier Portionen teilen. Jeweils eine Rolle formen und mit Backpapier oder Frischhaltefolie umwickeln. Die Teigrollen eine Stunde im Kühlschrank kaltstellen. Rapsöl in eine Pfanne geben und erhitzen. Die Teigrollen aus dem Kühlschrank nehmen und 1 cm breite Scheiben abschneiden. Diese mit den Zacken einer Gabel flachdrücken, so dass die typischen Gnocchi-Rillen entstehen. Gnocchi in die Pfanne geben und portionsweise anbraten.

Wenn was übrig bleibt:

Weißbrot, Brötchen, Baguette

Zutaten für 4 Personen

250 g Backwaren
350 ml Milch
250 g Spinat frisch oder TK aufgetaut
2 EL Speisestärke
1 EL Schnittlauch oder Lauchzwiebeln in ganz feine Röllchen geschnitten
1 Knoblauchzehe gepresst
2 TL Salz
Paniermehl nach Bedarf
Rapsöl für die Pfanne

Vorbereiten
Rolle den Brot-Gnocchi-Teig zu einem langen Strang und wickele ihn in Frischehaltefolie oder Backpapier ein. So kannst du den Teig super vorbereiten und im Kühlschrank lagern. Tipp: Mach doch gleich die doppelte Menge!

Zubereiten
Die Brot-Gnocchi-Teigrolle einfach in gleich große schmale Stücke schneiden und die Gnocchi daraus mit den Händen formen.

*Wenn du magst, probiere die Frikadellen beim nächsten Mal mit getrockneten Tomaten, Tofu, frischen Kräutern, Röstzwiebeln oder getrockneten Pilzen.

BROT-FRIKADELLE

Vegetarische Frikadellen stehen ihren fleischhaltigen Brüdern und Schwestern geschmacklich in Nichts nach und in Sachen Ökobilanz sind sie ihnen um Längen voraus.
Jeder, der meine Veggie-Frikadellen bis jetzt probieren durfte, war total begeistert und wollte sofort das Rezept - selbst die Fleischesser unter ihnen. Ich kombiniere die Frikadellen gerne zu Salat, Kartoffeln oder Kräuterquark.*

ZUBEREITUNG

Brot oder Brötchen in grobe Stücke schneiden und im Wasser-Milch-Mix einweichen. Bei sehr trockenem Brot etwas mehr Flüssigkeit nehmen. Die restlichen Zutaten dazugeben und alles mit den Händen gut vermengen. Sollte die Masse zu feucht sein, hilft etwas Paniermehl.

Alles einmal abschmecken und eventuell nachwürzen. Öl in der Pfanne erhitzen und die vorher portionierten Frikadellen schön knusprig anbraten.

Wenn was übrig bleibt:

Brot, Brötchen

Zutaten für 4 Portionen

400 g Brot oder Brötchen
200 ml Wasser
200 ml Milch
200 g Käse gewürfelt
1 Zwiebel gewürfelt
1 TL Paprikapulver
1 Knoblauchzehe gepresst
Je 1 Prise Salz, Pfeffer und Muskat
Öl für die Pfanne

Wie freut sich eigentlich ein Schnitzel?

Auf jeden Fall freut sich die Welt!
Denn hier ist außer dem Schinken alles fleischlos!

CORDON BLEU

Hier ist der Beweis, dass es auch ohne geht. Naja, fast ohne. Der Schinken verleiht meinem Cordon bleu eine gewisse Saftigkeit, funktioniert aber genauso gut ohne. Gerne reiche ich dazu einen grünen Salat und gebackene Kartoffeln. Bei uns gibt es dieses Gericht regelmäßig, da es irgendwie ein Allround-Resteverwerter ist, gerne auch mit Aioli und der roten Soße von Seite 142.

ZUBEREITUNG

In die Brotscheiben je eine Tasche schneiden und eine Scheibe Käse und Schinken hineinlegen. Sollte der Schnitt zu weit gewesen sein, die Tasche einfach mit Zahnstochern verschließen.
Öl in der Pfanne erhitzen. Milch sowie das Paniermehl jeweils in einem tiefen Teller bereitstellen. Salz, Pfeffer und Muskat in die Milch geben und verrühren. Brot kurz von beiden Seiten in die Milch tauchen und anschließend im Paniermehl wenden. Die panierten Brotscheiben von beiden Seiten in der Pfanne goldbraun braten.

Wenn was übrig bleibt:

Weißbrot, am besten im Kasten

Zutaten für 4 Portionen

4 (ca. 4 cm) dicke Scheiben Weißbrot
400 ml Milch
4 Scheiben Emmentaler Käse
4 Scheiben gekochter Schinken
Je 1 Prise Salz, Pfeffer und Muskat
Paniermehl
Öl für die Pfanne

» Ein Rezept, wie du dein Paniermehl selber machst und dann auch bevorraten kannst, findest du auf der nächsten Seite!

PANIERMEHL

Wenn was übrig bleibt:

Brot, Brötchen

Nie wieder Paniermehl kaufen. Es ist leicht herzustellen, lange haltbar und liefert immer wieder neue Varianten.

Das Brot muss mehrere Tage lang getrocknet werden. Dafür am besten in Scheiben schneiden, würfeln und auf einem Backblech auslegen. Um das Trocknen zu beschleunigen, können die Brotwürfel alternativ bei 50 °C im Backofen geröstet werden. Wenn das Brot vollständig trocken ist, in einer Küchenmaschine portionsweise zerkleinern. Mit einer Reibe kann Paniermehl auch händisch hergestellt werden.

Tipp 1: Einfacher ist es, das getrocknete Brot in Gefrierbeutel zu füllen, diese zu verschließen und mit einem Fleischklopfer oder einem Topfboden zu zerkleinern. Auch ein Nudelholz eignet sich für diese Variante, roll einfach ein paarmal über den Beutel bis du feine Brösel erhältst. Luftdicht und trocken gelagert halten sich die Semmelbrösel etwa drei Monate. Es ist wichtig, dass das Brot vor der Verarbeitung vollständig getrocknet ist, sonst fängt das Paniermehl schnell an zu schimmeln.

Tipp 2: Und aus Hefeteig erhältst du ruck zuck süße Brösel.

Wie wäre es mit ein bisschen Farbe?
Grün wird es schnell, wenn du trockene Kräuter dazu gibst, und getrocknete Tomaten oder Paprika färben es rot.

DAS BROT DES GLÜCKS

Es lebte einmal ein alter und weiser König. Er hatte all die Jahre hindurch sein Volk mit Liebe und Weisheit regiert.
Nun fühlte er, dass seine Zeit gekommen war, und er dachte voller Sorge an das, was nach seinem Tod mit seinem Volk und seinem Land geschehen sollte.
Da rief er seinen Sohn zu sich, den einzigen, und sprach zu ihm: „Mein Sohn, meine Tage sind gezählt! Geh deshalb in die Welt hinaus und suche das Brot des Glücks, denn nur dann, wenn Du Deinen Untertanen das Brot des Glücks geben kannst, werden sie satt werden und Du wirst ihnen ein guter König sein."

So ging der Prinz in die Welt hinaus und suchte das Brot des Glücks. Aber in welche Backstube er auch schaute, in welchem Laden er auch nachfragte, niemand kannte das Brot des Glücks. Der Prinz war verzweifelt. Niemand wusste vom Brot des Glücks, niemand hatte auf seine Frage eine Antwort.
Als er in seiner Angst und Sorge da saß, kam ein Kind des Weges und schaute ihn an: „Du hast sicher Hunger", sprach es und reichte ihm ein Stück Brot.
„Da nimm, ich habe nicht mehr, aber mit Dir will ich gerne teilen."
Der Prinz nahm das Brot und sogleich verschwand seine Not, als sei sie niemals dagewesen.
„Das Brot des Glücks!", rief er. „Du hast das Brot des Glücks. Schnell, gib mir mehr davon! Wo hast Du es her?"
„Das ist das Brot, das meine Mutter heute Morgen gebacken hat. Sie gab es mir, damit ich keinen Hunger zu leiden brauche. Du hattest Hunger und so teilte ich mit Dir."
„Das ist alles?", fragte der Prinz.
„Ist das kein besonderes Brot?"
„Nein, es ist wie jedes andere Brot, aber weil es zwischen Dir und mir geteilt wurde, ist es für Dich zum Brot des Glücks geworden."
Da erkannte der Prinz, wo das Brot des Glücks für alle Zeit zu finden war.
Er kehrte zu seinem Vater zurück und erzählte ihm, wie er das Brot des Glücks gefunden hatte und wie es ihm geholfen hatte, mit seiner Verzweiflung fertig zu werden.
Von da an wusste der Vater, dass der Prinz genau wie er selbst das Reich mit Liebe und Weisheit regieren würde alle Tage seines Lebens.

Das Rezept für Semmelknödel findest du auf der übernächsten Seite!

Seit zwei Jahrhunderten grüßt die Fassade des Gasthauses "Zum Bären" die durch das Zolltor in die Stadt Höchst bei Frankfurt eintretenden Besucher und lädt Gäste aus nah und fern zu Hausmannskost und traditionell Frankfurter Küche ein. Lizza und Frank Wellert sind mit ihrem Restaurant bei Frankfurter Gastronomieführern regelmäßig auf den vorderen Plätzen zu finden.

Unsere Knödel retten Brot

Jede Woche bringen wir unsere nicht mehr ganz so frischen Brötchen zu euch. Was macht ihr konkret damit und wie ist die Idee entstanden?

Unsere Gäste lieben die selbstgemachten Semmelknödel und eure Brötchen sind die Stars darin. Die Idee der Resteverwertung ist in unserem täglichen Tun fest verankert. Wir setzen generell Lebensmittel vielfältig ein, um so wenig wie möglich wegwerfen zu müssen.

Habt ihr vielleicht noch einen Tipp für uns, welche Lebensmittel nicht weggeworfen, sondern lecker weiterverarbeitet werden können?

Bei uns wird fast alles verarbeitet. Gemüsereste und Knochen werden genutzt, um leckere Suppen und Soßen zu kochen. Kartoffelschalen werden dicker geschält, frittiert und zu leckeren Dips serviert. Baguette wird zu Paniermehl gemahlen, um unsere Schnitzel zu panieren. Brotwürfel werden geröstet, um unsere Kartoffelklöße zu füllen. Fleisch- und Brotreste werden zu Frikadellen oder Hackbraten verarbeitet.

Viele reden von Nachhaltigkeit, beziehen ihre Ware dann aber doch aus dem Ausland, weil es günstiger ist. Unter uns, wie ist eure Philosophie dazu?

Das Thema Nachhaltigkeit wird bei uns gepflegt und gerade in der heutigen Zeit legen wir viel Wert auf frische regionale Zutaten. Wir werden von den umliegenden Direkterzeugern mehrmals die Woche beliefert, so dass wir weitestgehend saisonal und frisch kochen können.

Verantwortung übernehmt ihr auch im sozialen Bereich und veranstaltet ein ganz besonderes Event an Heiligabend. Möchtet ihr kurz davon erzählen?

Das Motto ist hier: Gemeinsam statt einsam! In Zusammenarbeit mit dem Verein Leuchtfeuer, welcher einsame und behinderte Menschen, sozial schwache Familien und Obdachlose betreut, richten wir an Heiligabend ein Weihnachtsessen in unserem Restaurant aus. Unsere MitarbeiterInnen arbeiten an diesem Tag freiwillig und ehrenamtlich. Alle Gäste bekommen ein Weihnachtsgeschenk. Der Pfarrer kommt und singt mit den Kindern Weihnachtslieder, so dass wir alle gemeinsam – und so gar nicht einsam – ein Stück Weihnachten erleben dürfen.

SEMMELKNÖDEL

Sie sind wohl der Klassiker in der Verwertung von altem Brot. Dennoch werden sie nie altmodisch. Um Knödel auf Vorrat zu haben, habe ich sie einfach im Glas gemacht, so hast du eine leckere Beilage parat oder kannst sie auch als Hauptgericht essen.
Ideen für Alternativen? Schau doch mal auf die nächste Seite.

ZUBEREITUNG

Milch in einem Topf erwärmen, Backwaren in kleine Stücke schneiden und mit der warmen Milch übergießen. 10 Minuten ziehen lassen. Sonnenblumenöl in einer Pfanne erhitzen und die Zwiebelwürfel darin andünsten. Anschließend die Zwiebeln, Petersilie, Salz, Pfeffer und Muskatnuss mit den eingeweichten Backwaren vermengen. Mach das am besten mit den Händen. Sollte es zu trocken sein, gib noch etwas Milch dazu, ist es zu flüssig, mische einfach etwas Paniermehl unter. Die Masse sollte weich, aber nicht flüssig sein. Die Knödelmasse in 4 heiß ausgespülte, eingeölte Gläser bis 1 cm unter den Rand füllen. Achte darauf, dass die Ränder der Gläser sauber sind und verschließe sie.

Die Gläser in die Fettpfanne des Backofens stellen und Wasser dazu geben. Hast du nur ein Backblech, dann stelle die Gläser in eine Auflaufform. Die Gläser sollten ungefähr 1 cm im Wasser stehen. Den Backofen auf 180 °C (Ober-/Unterhitze) heizen und die Knödel darin 45 Minuten garen. Sobald sie abgekühlt sind, kannst du sie in den Kühlschrank stellen und bei Bedarf verwenden.

Wenn was übrig bleibt:

Weißbrot, Brötchen, Baguette

Zutaten für 4 Portionen

- 250 g Backwaren
- 1 Zwiebel gewürfelt
- 400 ml Milch
- 2 TL Petersilie gehackt
- 1/2 TL Salz
- 1 Prise Pfeffer
- 1 Prise Muskat
- Paniermehl
- Sonnenblumenöl für die Pfanne und die Gläser

Eine tolle Variante ist auch ein Knödel-Auflauf! Dafür Knödel in Scheiben schneiden, Soße nach Belieben drübergeben und mit Käse bestreuen...ab in den Ofen damit!

SEMMELKNÖDEL MAL ANDERS

FORMBAR rund in Wasser gekocht, als Miniknödel in der Pfanne gebraten, in der Muffin-, Kastenkuchen- oder Guglhupfform gebacken

MITTENDRIN Speck, Kräuter, Spinat, Pilze, Käse, Bärlauch, Rote Bete, Schafskäse, getrocknete Tomaten, Gemüsewürfel, Nüsse, Maronen, Chili, Kurkuma, ...

BEIGELEGT zu Braten, Schmorgerichten, Geschnetzeltem, Soßen aller Art, Rahmgemüse oder Salat

VERSTECKT als Füllung für Paprika, Huhn, Pute oder Gans

RESTLOS angebraten in Scheiben in der Pfanne oder als Grundlage im Auflauf

FLAMMKUCHEN-BAGUETTE

Wenn das mit dem Baguette und dem Apfelkuchen so gut funktioniert, warum dann nicht mal in der herzhaften Variante. 5 Minuten Vorbereitung, 20 Minuten im Ofen. Fertig. Ein großer Salat dazu und du hast ein tolles Hauptgericht.

ZUBEREITUNG

Baguette längs in zwei Teile schneiden und Ober- und Unterseite mit der Schnittfläche nach oben auf ein mit Backpapier ausgelegtes Backblech legen. Die Zwiebeln in ganz kleine Würfel schneiden. Crème fraîche mit einer Prise Salz, Pfeffer und Muskat würzen und auf den Baguettes verteilen. Die Zwiebeln und Speckwürfel auf die Baguettehälften streuen. Bei 200 °C (Umluft) für 20 Minuten im Ofen backen. Aus dem Ofen holen und die Frühlingszwiebeln auf den Baguettehälften verteilen. Jedes Baguette halbieren und auf Tellern anrichten.

Wenn was übrig bleibt:

Baguette

Zutaten für 4 Personen

1 Baguette
2 Zwiebeln
1 Becher Crème fraiche
100 g Speck oder Salami in feinen Würfeln oder Streifen
Prise Salz, Pfeffer und Muskat
2 Frühlingszwiebeln in feine Streifen geschnitten

In der Lasagne
finden auch Spinat,
Karotten und Co.
noch ihren Platz.

FLEISCHLOSE
LASAGNE

Es klingt erst einmal seltsam, eine Lasagne mit Brot zuzubereiten, aber mir persönlich ist der Aufwand, Lasagneplatten mit der Nudelmaschine frisch zu machen, zu groß. So habe ich auch dieses Gericht mit Brot versucht und es steht der herkömmlichen Variante in nichts nach. Probiere es mal aus, ohne deinen Gästen im Vorfeld zu sagen, dass Brot der Hauptbestandteil ist.

ZUBEREITUNG

Für die Béchamelsauce Butter in einem Topf schmelzen, Mehl unterrühren und Milch hinzufügen. Das Ganze mit einem Schneebesen zu einer homogenen Masse verrühren.

In einer gefetteten Auflaufform die Zutaten schichten. Eine Schicht Bolognese, eine Schicht Brotscheiben und eine Schicht Béchamelsauce. Das Ganze wiederholen und mit der Béchamelsauce enden. Anschließend mit Käse bestreuen und 35 Minuten bei 200 °C (Unter-/ Oberhitze) im Ofen backen.

Wenn was übrig bleibt:

Weißbrot, Bolognese

Zutaten für 1 Auflaufform

10 Scheiben Weißbrot
(dünn geschnitten und geröstet)
1 Portion Bolognese
» Ein Rezept für eine fleischlose Bolognese findest du auf der nächsten Seite!
200 g Käse gerieben
Öl für die Form

Zutaten für die Béchamelsauce

2 EL Butter
200 ml Milch
2 EL Mehl
1 Prise Pfeffer und Salz

Anstelle von Hartweizennudeln kannst du auch Zucchini- oder Karotten-Nudeln verwenden.

FLEISCHLOSE
BOLOGNESE

Bolognese kennt jeder und mag fast jeder. Wir auch. Da wir aber auch immer bewusster mit unserem Fleischkonsum umgehen und diesen sehr reduziert haben, bin ich ständig auf der Suche nach Möglichkeiten, unsere Lieblingsrezepte dennoch zu kochen. Und schon war sie da, die Idee zur fleischlosen Brotbolognese. Sie kann absolut mit der herkömmlichen Variante mithalten, passt perfekt zu Pasta und auch zur Lasagne in diesem Buch.

ZUBEREITUNG

Zwiebel und Karotte in Würfel schneiden und mit Olivenöl in der Pfanne anbraten, bis Röstaromen entstehen. Geröstetes Brot oder Brötchen in kleine Würfel schneiden und mit dem Zwiebel-Karotten-Mix weiter braten. Alles mit Weißwein ablöschen. Tomaten, gepressten Knoblauch sowie die Gewürze hinzugeben und 10 Minuten köcheln lassen. Am Ende je nach Geschmack etwas nachwürzen und wahlweise Kräuter wie Rosmarin, Thymian oder Oregano hinzufügen.

Wenn was übrig bleibt:

Körnerbrot, Brot, Körnerbrötchen

Zutaten für 4 Personen

200 g Brot oder Brötchen geröstet
600 g Tomaten
(frisch oder aus der Dose)
100 ml Weißwein
2-3 Knoblauchzehen gepresst
1 Zwiebel gewürfelt
1 Karotte
2 EL Olivenöl
1 TL Salz
Je 1 Prise Pfeffer, Chili, Zucker
Kräuter nach Wahl

Du kannst auch
viele kleine
unterschiedlich belegte
Pizzen kreieren.

PIZZA

Sonntags ist bei uns Wünsch-dir-was-Tag. Dann darf jeder seine Wunschpizza bei unserem Lieblingsitaliener bestellen oder aber wir machen die Pizza selber. Dafür lieben wir dieses Rezept. Für mich dann am liebsten belegt mit Tomatensauce und Gemüse. Für Alex darf es gerne italienische Salami sein und die Jungs mögen die Pizza bunt belegt.

ZUBEREITUNG

Backwaren grob zerkleinern und in der Küchenmaschine fein mahlen. Hefe, Salz, Wasser und Öl dazugeben und zu einem Teig kneten. Bei Bedarf noch etwas Flüssigkeit hinzugeben.

Den Teig zu einer Kugel kneten und in einer Schüssel abgedeckt 20 Minuten stehen lassen. Die Kugel teilen und jede Teighälfte noch einmal kneten.

Jede Teigkugel auf einer bemehlten Arbeitsfläche ausrollen, auf ein mit Backpapier belegtes Backblech legen und für 10 Minuten im auf 180 °C vorgeheizten Ofen (Unter-/ Oberhitze) backen. Pizzaboden herausholen, nach Lust und Laune belegen und für weitere 10 Minuten backen, bis der Käse geschmolzen ist.

Keine Küchenmaschine zur Hand? Brötchen lassen sich auch gut per Hand mit einer Reibe mahlen.

Wenn was übrig bleibt:

Brötchen, Weißbrot, Baguette

Zutaten für 2 runde Pizzaböden oder 1 Backblech

500 g Backwaren
1 Päckchen Trockenhefe
1 1/2 TL Salz
400 ml warmes Wasser
1 EL Olivenöl
Belag nach Wahl

KAUM ZU GLAUBEN

2014 wurde die deutsche Brotkultur zum UNESCO-Weltkulturerbe ernannt. Der Geschmack des Brotes hängt von vielen Faktoren ab: Klima, Bodenbeschaffenheit, aber auch Politik, Zeitgeschehen und Geschichte.

3.163

unterschiedliche Brotspezialitäten, die täglich in Deutschland gebacken und verkauft werden, verzeichnet das deutsche Brotregister.

Quelle: brotinstitut.de _ Stand 2020

Der **Unterschied** zwischen Brot und Brötchen ist gut abgewogen.

Ein Brötchen ist ein Kleingebäck und wiegt höchstens

250g

Bier und Brot haben die gleichen Zutaten: Getreide, Wasser und Hefe. Auch finden in beiden Fällen Gärungsprozesse statt. Daher heißt es auch: Bier ist flüssiges Brot.

1.610.926

Tonnen Brot kauften die Deutschen 2019 für private Haushalte.

Knerzel, Mürgel, Scherzerl, Riebel, Knörzla, Knäppchen, Knust, Ranfl, Kanten, Knäusperle...

Oblate oder Brot?

Was liegt da auf dem Tisch in Leonardo da Vincis berühmtem Gemälde vom letzten Abendmahl, das Jesus mit seinen Jüngern hielt? "Brötchen" würde man spontan sagen. Lutheraner nehmen Oblaten, Reformierte Brot. Und mit Rücksicht auf Glutenallergiker auch weizenmehlfreies. Spätestens seit sich die protestantischen Kirchen nach rund 400 Jahren Uneinigkeit im Abendmahlsverständnis 1973 in der sogenannten "Leuenberger Konkordie" geeinigt haben, ist die Frage "Oblate oder Brot?" jedoch kein Streitpunkt mehr.

Menschen ernähren sich seit mindestens 30.000 Jahren von Getreidebrei, der seit rund 22.000 Jahren auch gebacken wird. Erst wegen des Brotes wurden die Menschen überhaupt sesshaft. Bis vor 6.000 Jahren gab es nur Fladenbrote, erst dann erfanden die Ägypter den Sauerteig und heiße Backtöpfe, die sie über den Teig stülpten, so dass das Brot aufgehen konnte. Seitdem gibt es Brotlaibe.

Vorschlag zur Schicht-Reihenfolge

Geröstete Brotscheibe
Aioli
Salat
Burger-Patty
Gurke
Tomate
Rote Soße
Sprossen
Aioli
Geröstete Brotscheibe

Statt Tomaten und Gurke kannst Du auch gegrilltes Gemüse schichten!

FLEISCHLOSER

BURGER

Wir lieben die Pattys nicht nur als Burger und zwischen geröstetem Brot, auch zu kleinen runden Talern gebraten eignen sie sich perfekt als Fingerfood oder zum Salat.

ZUBEREITUNG

Öl in eine Pfanne geben und erhitzen. Zwiebel, Knoblauch und Chili dazugeben und anbraten. Brot in sehr kleine Würfel schneiden und zufügen. Alles gut anrösten. Die Brotmasse in eine Schüssel umfüllen und die restlichen Zutaten zufügen. Alles mit den Händen zu einer homogenen Masse kneten und daraus Pattys formen. Die Pattys müssen fest zusammengedrückt werden, das funktioniert am besten mit einer Burgerpresse.

Öl in die Pfanne geben und erhitzen. Sobald das Öl heiß ist, die Pattys hineingeben und von beiden Seiten anbraten. Währenddessen die Burger Buns oder alternativ rund ausgestochene Brotscheiben mit Öl einpinseln und für 8 Minuten im Backofen bei 160 °C (Ober-/Unterhitze) erwärmen. Pattys aus der Pfanne nehmen und die Burger nach Belieben belegen.

Wenn was übrig bleibt:

Vollkornbrot, Vollkornbrötchen

Zutaten für 4 Personen

150 g Brot oder Brötchen
240 g Kidneybohnen abgetropft (1 Glas)
2 Knoblauchzehen klein gehackt
1 Zwiebel gewürfelt
1 TL Tomatenmark
(alternativ 1 EL Tomatenketchup)
1 EL Sojasauce
1 TL Senf
1 TL Salz
1 kleine Chili getrocknet und zerkleinert
Kokosöl oder Sonnenblumenöl für die Pfanne
Außerdem:
4 Burgerbrötchen oder 8 Scheiben Brot rund ausgestochen
Aioli und rote Soße » Rezept auf Seite 143
Tomatenscheiben
Gurkenscheiben
Sprossen und Salatblätter

Wichtig ist, dass du kalte Butter verwendest und den Teig nicht zu lange knetest. Am besten kühlst du ihn nach dem Kneten, dann lässt er sich besser ausrollen und weiterverarbeiten.

Auch noch Gemüse übrig? Mit dem herzhaften Mürbeteig zauberst du im Handumdrehen einen tollen Auflauf oder Crumble!

» Das Rezept für Parmesan-Streusel findest du in Kapitel 5 auf Seite 80.

HERZHAFTER
MÜRBETEIG

Mürbeteig lässt sich vielseitig nutzen, ich verwende ihn für herzhafte Kekse genauso gerne wie für den Boden einer Quiche oder Tarte.

ZUBEREITUNG

Backwaren in der Küchenmaschine sehr fein mahlen. Mehl auf die Arbeitsplatte geben, Butter in Stückchen und eine Prise Zucker dazugeben. Mit den Händen zu einem Teig kneten und daraus eine Kugel formen. Ist der Teig noch zu krümelig, füge etwas kaltes Wasser hinzu. Die Teigkugel abgedeckt in einer Schüssel 30 Minuten in den Kühlschrank stellen. Auf einer bemehlten Arbeitsfläche ausrollen. Nach Belieben weiterverarbeiten und bei 200 °C (Ober-/Unterhitze) 10-15 Minuten backen.

Für Kekse

Aus dem ausgerollten Mürbeteig mit Ausstechern Kekse ausstechen oder einfach Stangen formen, mit Kräutern, Gewürzen oder anderen Zutaten bestreuen.
Zum besseren Haften vor dem Bestreuen mit Milch oder Ei bestreichen.

Tipp: Mit Kräuteröl einpinseln.
Bei 200 °C (Ober-/Unterhitze) 10-15 Minuten backen.

Wenn was übrig bleibt:

Weißbrot, Brötchen, Baguette

Zutaten für 1 Blech

250 g Backwaren
160 g Butter kalt
1 TL Salz
1 Prise Zucker
Optional: Gewürze, Kräuter, Käse, Mohn, Sesam, Kümmel, Knoblauch, Nüsse, Saaten...
Eventuell 50 ml kaltes Wasser
Mehl für die Arbeitsfläche

CURRYWURST-EINTOPF MIT BROT-CROUTONS

Mein Mann sagt immer „Ketchup ist etwas für Anfänger. Wer wirklich leckere Currywurst zubereiten möchte, macht die Soße selbst." Und das hat er auch gemacht und das hier ist sein Rezept. Ich bin auch ein Fan der Soße, koche mir den Eintopf aber am liebsten mit Gemüse und Brotcroutons statt der Würste.

ZUBEREITUNG

Öl in einem Topf erhitzen und die gewürfelten Zwiebeln darin dünsten. Gewürzgurken klein hacken und mit Salz, Agavendicksaft und Currypulver zu den Zwiebeln geben. Die restlichen Zutaten zufügen und alles auf mittlerer Stufe 10 Minuten einkochen lassen. Anschließend mit dem Stabmixer pürieren und abschmecken. Die Soße in die heiß ausgespülten Gläser füllen, den Rand sauber wischen und mit den Deckeln fest verschließen. Abkühlen lassen und im Kühlschrank aufbewahren.

Übrigends auch ein tolles Mitbringsel zu jeder Grillparty.

Die Würste in der Pfanne mit Öl von beiden Seiten anbraten, währenddessen die Currysoße in einem Topf erhitzen. Die angebratenen Würste aus der Pfanne nehmen, klein schneiden und in die Currysoße geben. Die Croutons untermischen, auf Tellern oder Schalen verteilen und servieren.

Wenn was übrig bleibt:

Vollkornbrot, Bauernbrot, Weißbrot

Zutaten für 4 Personen

4 Brat- oder Rindswürste
Brot-Croutons nach Lust und Laune
» Rezept auf Seite 77
2 EL Sonnenblumenöl
1 Glas Currysoße

Currysoße Rezept für 2 große oder 4 kleine Gläser

500 g Tomaten (frisch oder aus der Dose)
250 g Tomatenketchup
2 EL Tomatenmark
3 EL Sonnenblumenöl
1 Zwiebel gewürfelt
100 g Gewürzgurken
3 EL Currypulver
1 TL Salz
1 EL Apfelessig
1 EL Gemüsebrühe
» Rezept für selbstgemachte Gemüsebrühe auf Seite 69
2 EL Agavendicksaft

4_SUPPEN & DRESSING

Ab-
getaucht.

Abgetaucht bin ich auch in meine Küche
und in zahlreiche Kochbücher...

Reibe noch etwas
Parmesan und stelle
ein paar Mandelsplitter
in Schälchen
auf den Tisch.

MANDEL-KNOBLAUCH SUPPE MIT BROT-CROUTONS

Im letzten Sommerurlaub in Spanien hatten wir eine so schmackhafte Mandelsuppe gegessen, die wollte ich unbedingt nachkochen! Gerade durch das Brot wird sie schön sämig. Du kannst bei der Suppe toll variieren, da lassen sich sämtliche Gemüsereste unterbringen. Als Topping passt mein herzhaftes Granola genauso gut wie die Croutons.

ZUBEREITUNG

Wasser und Gemüsebrühe in einem Topf erhitzen und die Backwaren darin einweichen. Von den Tomaten den Strunk rausschneiden und in Würfel schneiden, die Paprika ebenso würfeln. In einem Topf die gemahlenen Mandeln andünsten bis sie duften, in eine kleine Schüssel umfüllen und zur Seite stellen. Olivenöl im Topf erhitzen, Knoblauch, Petersilie, Tomaten und Paprika darin anbraten, die Mandeln zufügen und alles gut verrühren. Die eingeweichten Brötchen und die Gemüsebrühe zufügen und alles 15 Minuten köcheln lassen. Gewürze zufügen und die Suppe mit dem Pürierstab pürieren. Abschmecken und mit Croutons oder Granola servieren.

Wenn was übrig bleibt:

Brot, Brötchen, Baguette ohne Körner

Zutaten für 4 Personen

150 g Backwaren
200 g Mandeln gemahlen
6 Knoblauchzehen gehackt
5 Tomaten
1 rote Paprika
3 EL Gemüsebrühe und 800 ml Wasser
» Rezept für selbstgemachte Gemüsebrühe auf Seite 69
1 EL Olivenöl
2 TL Salz
1 Prise Pfeffer
1 TL Paprikapulver edelsüß
1 EL Petersilie frisch und grob gehackt oder 1/2 EL Petersilie getrocknet
1 Schuss Balsamicoessig

Ich mache meine Gemüsebrühe selber. Ganz einfach - mit übrig gebliebenem Gemüse. Nachhaltiger, gesünder & schneller geht es nicht!

KÜRBISSUPPE MIT BROT-CROUTONS

Die Kürbissuppe ist bei uns der Klassiker der Suppen. Die mag einfach jeder in unserer Familie. Am liebsten mit Croutons aus Bauernbrot oder Vollkornbrot. Probiere die Croutons mit Salz und Zimt zu würzen, das verleiht der Suppe einen tollen Geschmack.

ZUBEREITUNG

Wasser erhitzen, Gemüsebrühe einrühren und die Backwaren in kleingeschnittenen Würfeln dazugeben. Kokosöl in einem Topf erhitzen und die Zwiebeln darin anbraten. Tomatenmark, Chili und Salz zu den Zwiebeln geben und verrühren. Die Kürbiswürfel dazu, einige Minuten anbraten und mit der Kokosmilch ablöschen. Die Gemüsebrühe mit den eingeweichten Backwaren und dem Orangensaft zufügen, alles miteinander verrühren und 10 Minuten bei mittlerer Hitze köcheln lassen. Die Suppe mit dem Pürierstab pürieren, abschmecken und eventuell nachwürzen. Die Suppe direkt servieren oder in heiß ausgespülte Gläser füllen, fest verschließen und kühl aufbewahren. So kannst du sie ein paar Tage länger aufbewahren.
Zum Servieren Croutons oder herzhaftes Granola auf die Suppe streuen.

Wenn was übrig bleibt:

Brot, Brötchen, Baguette ohne Körner

Zutaten für 4 Personen

150 g Backwaren
ca. 450 g Hokkaidokürbis gewürfelt
2 EL Kokosöl
1 Zwiebel gewürfelt
1 TL Salz
100 ml Orangensaft
1 EL Gemüsebrühe und 300 ml Wasser
1 Dose Kokosmilch (400 ml)
1 TL Tomatenmark
1 kleine getrocknete Chilischote

REZEPT GEMÜSEBRÜHE

Alle Zutaten in einer Küchenmaschine zerkleinern, in ein Schraubglas füllen und im Kühlschrank aufbewahren. So hält es sich mehrere Wochen. Teelöffelweise verwenden.

Zutaten für 1 großes Glas

500 g Gemüse (kann ruhig schon runzelig sein, auf jeden Fall aber ohne Schimmel!)
70 g Salz
1 Knoblauchzehe
Kräuter nach Wunsch

Wir kombinieren den Milchshake mit den Kuchenresten, die wir noch übrig haben. Schmeckt auch superlecker mit anderen Kuchensorten – z. B. mit Käsekuchen! Du wirst es lieben!

So ein Smoothie funktioniert natürlich mit anderen Früchten genauso! Und eine braune unansehnliche Banane kommt hier noch richtig gut weg.

MAINBECHER WIRD UNSER BECHER

Mit dem Kaffee in der Hand durch die Stadt bummeln. Bequem ist das, jedoch führt dieser To-Go-Trend allein in Frankfurt zu 25 Mio. Wegwerfbechern pro Jahr.

Der #MainBecher kämpft gegen die Einwegbecherflut und das auch noch umweltfreundlich. Er kommt ohne Plastik und Bambus aus und ist Hauptakteur eines nachhaltigen Mehrwegbechersystems in der ganzen Stadt.

Wir finden's gut!

Wenn was übrig bleibt:

Zitronen- oder Rührkuchen

SMOOTHIE

Zutaten für 4 Portionen

300 g Zitronenkuchen
200 ml Milch
250 g Himbeeren gefroren
Ein paar frische Beeren als Deko
1 Tl Zitronensaft

ZUBEREITUNG

Die gefrorenen Beeren in die Küchenmaschine geben und mit der Milch auf hoher Stufe mixen. Den trockenen Kuchen in Stücke schneiden und zu den Beeren geben.
Das Ganze auf hoher Stufe zu einer cremigen Masse mixen. Sollte sie zu fest sein, füge noch etwas Milch hinzu. Den Zitronensaft zum Schluss unterrühren.

SHAKE YOUR CAKE

Zutaten für 4 Portionen

300 g Zitronenkuchen
500 ml Milch
1 Tl Zitronensaft
8 Eiswürfel

ZUBEREITUNG

Den trockenen Kuchen in Stücke schneiden und in einer Küchenmaschine auf hoher Stufe zerkleinern. Langsam die Milch zulaufen lassen und alles zwei Minuten weiter mixen.
Anschließend den Zitronensaft zufügen und mit den Eiswürfeln servieren.

Wenn es dir noch nicht süß genug ist, kannst du auch nachsüßen (zum Beispiel mit Agavendicksaft).

SALATDRESSING

Meine Geheimwaffe für Salate ist dieses Dressing. Die Zutaten sind kein Geheimnis, aber durch das Brot bekommt es eine cremige Konsistenz, die es ganz besonders macht. Kaufe keine Fertigdressings, selber machen geht so leicht.
Hast du keine alten Brötchen, aber noch etwas Brot übrig? Das funktioniert genauso super.

ZUBEREITUNG

Wasser erhitzen und mit der Gemüsebrühe verrühren. Backwaren darin 10 Minuten einweichen und danach pürieren. Alle Zutaten, bis auf das Öl und die Zwiebel, dazugeben und weiter pürieren. Öl nun ganz langsam zulaufen lassen, bis eine cremige Konsistenz entsteht. Zum Schluss noch die klein gehackte Zwiebel und Kräuter zufügen.

Wenn was übrig bleibt:

Weißbrot, Brötchen, Baguette

Zutaten für 4 Personen

50 g Backwaren
1 Zwiebel
6 EL Balsamicoessig
(oder ein Essig deiner Wahl)
4 EL Öl
100 ml Wasser
1 EL Gemüsebrühe
» Rezept für selbstgemachte Gemüsebrühe auf Seite 69
1 TL Honig
2 TL Senf
1 Knoblauchzehe
Salz & Pfeffer
Kräuter nach Belieben

5_TOPPINGS

GeTOPPt!

DA SCHNEIDEN WIR UNS 'NE SCHEIBE AB.

WEISS

Hierfür kannst du Brötchen oder Baguette verwenden.

DUNKEL

Alle Sorten von dunklem Brot - egal, ob mit Körnern oder ohne.

SÜSS

Hier werden die Reste von Brioche, Hefezopf oder Hefebrötchen verarbeitet.

Brauchst du Inspiration?

Herzhafte Brotwürfel passen perfekt zu

- Tomaten-Salaten
- jeder Art von grünem Salat, hier besonders lecker mit Käse kombiniert
- gegrilltem Gemüse. Ab in den Ofen damit und die Würfel drüber
- Brotsalaten. Schon mal mit Handkäs probiert?

Süße Brotwürfel kannst du toll zum Aufpeppen von Obst, Pudding, Joghurt oder Eis verwenden.

CROUTONS

Diese selbstgemachten Croutons passen zu jeder Suppe, jedem Salat oder für den süßen Genuss zwischendurch.

Ich stelle mir Croutons immer auf Vorrat her. Da Öl oder Butter schnell ranzig werden, hilft ein simpler Trick. Einfach die Brotwürfel ohne Öl braten oder rösten und luftdicht verschließen. So halten sich die Croutons mehrere Wochen. Bei Bedarf kannst du sie dann vor der Verwendung mit etwas Öl oder Butter fertig rösten und würzen.

ZUBEREITUNG

Brot bzw. Hefegebäck in Würfel schneiden. Die Würfel sollten ca. 2 x 2 cm sein. Je nach Geschmack vorher die Rinde entfernen.

Zutaten für 4 Personen

Brot nach Wahl
Neutrales Öl für die Pfanne
Gewürze nach Wahl

Herzhafte Variante
Öl in der Pfanne erhitzen und die gesalzenen und gewürzten Würfel goldbraun anbraten.*

Wenn was übrig bleibt:

Brot, Brötchen, Laugengebäck

Zum Würzen, je nach Geschmack:
Knoblauch, Salz, Pfeffer, Kräuter, Chiliflocken, Mandeln, Nüsse, Pesto, Curry, Zitronenschale

Süße Variante
Öl in einer Pfanne erhitzen und die gezuckerten Würfel goldbraun anbraten. Mit Puderzucker und Zimt bestreuen.*

Wenn was übrig bleibt:

Hefegebäck

Zum Würzen:
Zimt, Zucker

*Alternativ können die Brotwürfel auch mit Öl vermischt bei 160 °C (Umluft) 20 Minuten im Backofen gebacken werden.

Quick-Tipp:
Ein trockenes Brot mit Wasser einreiben und bei 180 °C (Umluft) für 5-10 Minuten aufbacken.

AB IN DEN OFEN. AUCH NACH DEM BACKEN.

Oft erhalte ich von Freunden, Bekannten oder auch Kunden Fragen rund um das Thema Brot. Die Dauerbrenner habe ich hier für euch beantwortet.

Brot lagern? Aber wie und wo?
Der Backofen bietet das ideale Klima für dein Brot, um es lange frisch zu halten. Brot in einen Stoffbeutel oder eine Papiertüte packen und wieder in den Ofen legen. Der Ofen verschließt relativ dicht, besser als würde der Stoffbeutel samt Brot in der Schublade lagern. Durch den Stoff wird Feuchtigkeit, die das Brot abgibt, aufgesogen und nach Außen abgeben, weshalb sich kein Schimmel auf dem Brot bildet.

Das hat drei große Vorteile:

- ♥ Man braucht keinen extra Brotbehälter.
- ♥ Es ist aufgeräumt und somit hast du mehr Platz auf der Arbeitsfläche.
- ♥ Dein Brot hält einfach länger.

Wie lange hält Brot?
Normalerweise hält sich Roggenbrot 5-7 Tage und Weißbrot 1-2 Tage.

Oft wird man beim Brotkauf gefragt, ob man es am Stück oder geschnitten haben möchte. Was ist besser?
Am Stück hält es sich länger frisch, möchtest du es aber am selben Tag essen oder portionsweise einfrieren, ist geschnittenes Brot eine feine Sache und du hast weniger Krümel in der Küche.

Macht es Sinn, Brot einzufrieren oder gehen dabei gute Inhaltsstoffe verloren?
Je frischer das Brot beim Einfrieren ist, desto weniger Geschmack geht verloren. Achte darauf, dass das Brot luftdicht verpackt ist. Einzelne Brotscheiben kannst du bei Raumtemperatur auftauen lassen oder toasten. Ganze Brote am besten über Nacht auftauen lassen, Brötchen kannst du mit etwas Wasser befeuchten und im Ofen erwärmen.

Was tun, wenn man einen Schimmelfleck am Brot entdeckt?
Bitte wirf das Brot weg. Schimmelsporen können sich schon durch das ganze Brot gezogen haben, ohne dass du sie siehst.

Tipp für die herzhaften Streusel: Füge beim Backen noch einen Rosmarinzweig hinzu - das gibt eine sehr besondere Note.

Wenn du magst, füge noch eine Prise Zimt oder Vanille hinzu.

Hier ein paar Streusel-Tipps von mir:

- ♥ Je flüssiger die Butter, desto feiner die Streusel. Verwendest du gekühlte Butter, entstehen größere Teigkrümel.
- ♥ Der Teig ist cool! Nach 1 Stunde im Kühlschrank, bleiben die Streusel beim Backen besser in Form.
- ♥ Werden die Streusel im heißen Ofen bei Umluft gebacken, kriegen sie einen stärkeren Crunch.
- ♥ Eine Erfrischung wirkt Wunder! Daher Streusel ca. 5 Minuten vor Ende der Backzeit mit etwas Wasser besprühen - das mobilisiert Knusperkräfte und verfeinert den Geschmack.

PARMESAN-STREUSEL

Die Idee kam mir, als ich mal wieder grünen Spargel überbacken gesehen habe. Meistens mit einer Semmelbrösel-Butter-Mischung, was auch superlecker ist. Irgendwie hat mir aber etwas gefehlt. Also habe ich experimentiert und es mit Parmesan gemischt und statt Semmelbrösel Vollkornbrot verwendet. In Kombination mit dem grünen Spargel einfach super. Man müsste glatt die Spargelsaison verlängern. Aber auch wenn der Spargel geht, die Streusel bleiben und passen perfekt auf alle herzhaften Aufläufe.

ZUBEREITUNG

Vollkornbrot im Backofen oder Toaster rösten und in sehr kleine Stücke schneiden, eventuell in der Küchenmaschine kurz zerkleinern. Brot mit den restlichen Zutaten in einer Schüssel mit den Händen zu Streuseln kneten. Die Streusel auf ein mit Backpapier belegtes Backblech geben und für 20 - 25 Minuten bei 180 °C (Ober-/Unterhitze) backen bis sie goldbraun sind.

Wenn was übrig bleibt:

Vollkornbrot

Zutaten

100 g Vollkornbrot
75 g Butter weich
75 g Parmesan gehobelt
3 Knoblauchzehen gehackt

BUTTERSTREUSEL

Die süße Variante ist sehr einfach herzustellen und wertet die meisten Desserts auf. Selbst frisches Obst mit Butterstreuseln... Top!

ZUBEREITUNG

Backwaren kurz in der Küchenmaschine zerkleinern und mit den anderen Zutaten vermischen. Alles mit den Händen gut durchkneten und kleine Streusel formen. Streusel auf ein mit Backpapier belegtes Blech legen und 10 Minuten bei 180 °C (Ober-/Unterhitze) im vorgeheizten Ofen backen. Mit Puderzucker bestreuen und weitere 5 Minuten backen. Die Streusel schmecken auch einfach pur! Sollen die Streusel als Topping auf einen Kuchen, dann die ungebackenen Streusel auf den Kuchen geben und alles zusammen im Ofen backen.

Wenn was übrig bleibt:

Baguette, Brötchen, Brioche oder anderes Hefegebäck

Zutaten

150 g Backwaren
75 g Zucker
75 g Butter
1 Prise Salz
Puderzucker

yestern.day
FRISCH VON GESTERN

DIE MISSION

Gute Backwaren für jedermann, Lebensmittelverschwendung deutlich reduzieren, soziale Projekte fördern und dabei Energie sparen und Ressourcen schonen - kurzum nachhaltiges Backen neu denken.

TRADITIONELL, ÖKOLOGISCH, SOZIAL – DIE ZUKUNFTSBÄCKEREI?

Alexander Huck verrät Insights aus der Backstube.

Wie unterscheidet sich das Bäckereifachgeschäft von Backshops?

Der Unterschied zwischen handwerklichen Betrieben und Backshops ist wirklich erheblich. Bei „Backshops" handelt es sich in der Regel um industriell hergestellte Produkte. Handwerksbäckereien sind oftmals über Generationen entstanden, mit alten Rezepturen, regionalen Rohstoffen und kurzen Lieferwegen. Bei Handwerksbäckereien wird Wissen über Generationen transportiert und stetig weiterentwickelt. Handwerk eben!

Wie schwer ist es, ökologische Aspekte zu berücksichtigen?

Sie spielen in der Tat eine immer bedeutsamere Rolle für uns und wir arbeiten ständig daran, unseren ökologischen Fußabdruck zu verbessern.

Wir versuchen unsere Maschinen und Öfen dem neusten Stand der Technik, im Hinblick auf Energieverbrauch, anzupassen. Derzeit gibt es das Projekt „Sonnenenergie für Lieferfahrzeuge" in unserem Hause. Das wird noch etwas dauern, aber wir wollen schon heute gerüstet sein.

Und wir eröffnen eine neue „yestern.day" Filiale in Frankfurt Bockenheim. Ich freu mich riesig, dass wir mit diesem Projekt der Lebensmittelverschwendung etwas entgegenwirken können. In unserer Überflussgesellschaft gehören gerade die Backwaren zu den am häufigsten weggeworfenen Lebensmitteln.

Was genau ist yestern.day?

Wir verkaufen Vortagsware für deutlich vergünstigte Preise. Die Produktpalette wird täglich variieren. Verkauft wird, was am Tag zuvor in den Filialen nicht verkauft wurde. Darum hat der Laden auch montags geschlossen, da es vom Sonntag kaum Retouren gibt. Den Ertrag dieser Backwaren spenden wir für wohltätige Zwecke und nachhaltige Projekte. Außerdem möchten wir mit yestern.day auch Menschen einen Arbeitsplatz bieten, die auf dem ersten Arbeitsmarkt nicht die besten Chancen haben, wir denken dabei an Menschen mit Einschränkungen, Langzeitarbeitslose und alleinerziehende Mütter und Väter.

VEGAN ODER ALLERGISCH?

Da weiß ich aus eigener Erfahrung auf viele Fragen eine Antwort.

Die weitverbreitetste allergische Reaktion ist Glutenunverträglichkeit. Welche Mehlsorten sind glutenfrei?
Das sind doch mehr als man denkt. Zum Beispiel Mehle aus Amaranth, Buchweizen, Chia, Erdmandel, Hafer, Hanf, Reis, Mais oder Hirse.

Gibt es glutenfreies Brot zu kaufen?
Es ist nicht so leicht, in einer Bäckerei komplett glutenfreies Brot zu kaufen. Wenn du auf Nummer sicher gehen möchtest, backst du das Brot selber.

Vegane Rezepte aus Backwaren? Funktioniert das überhaupt?
Na klar, ändere alles, was hier in diesem Buch steht, wie du willst und es für deine Bedürfnisse passt. Glaube mir, es funktioniert alles auch mit veganen Produkten. Ich habe es getestet. Pflanzliche Margarine, Milchalternativen, Ersatz für Ei*, veganer Käse oder Frischkäse, veganer Schlagfix usw.
Zum Glück gibt es heutzutage für fast alles eine Alternative im Handel. Nur veganen Fleisch- oder Wurstersatz habe ich nicht verwendet, den habe ich mit Gemüse ersetzt.

*Ärgerlich, wenn beim Backen oder Kochen die Eier ausgehen oder man komplett auf Eier verzichten mag. Gut, wenn man dann Bananen, Apfelmus oder Leinsamen als Ersatz zu Hause hat.

- ♥ Als Bindemittel für Teige von Gebäck, Keksen, Kuchen und Broten verwende ich gemahlene Leinsamen.

- ♥ 3 TL Wasser mit 1 TL Leinsamen verrühren und 10 Minuten quellen lassen ersetzen ein Ei.

- ♥ Viel Feuchtigkeit im Kuchen, in Keksen und im Gebäck bringen Banane oder Apfelmus. Eine halbe Banane zerdrückt oder 4 EL Apfelmus ersetzen ein Ei.

- ♥ Als Grundlage für Panaden verwende ich Sojamehl: 2 EL kohlensäurehaltiges Wasser und 2 TL Sojamehl miteinander verrührt, ersetzen ein Ei.

Wenn mal ein bisschen mehr übrig bleibt? Wunderbar! Gut verschlossen in einem Glas aufbewahrt, hast Du jederzeit ein tolles Topping parat!

GRANOLA
HERZHAFT

Herzhaftes Granola – klingt im ersten Moment vielleicht ungewöhnlich. Ist aber eines der beliebtesten Mitbringsel bei Familie und Freunden und auch aus meiner eigenen Küche nicht mehr wegzudenken.
Ich toppe es am liebsten auf Salate, mein Mann Alex auf Kartoffelbrei. Aber auch Butterbrot, Fleisch, Knödel oder Rührei bekommen damit einen besonderen Crunch.

ZUBEREITUNG

Kokosöl erwärmen. Alle weiteren Zutaten in einer Schüssel vermengen und mit dem flüssigen Öl mischen. Die Masse auf ein mit Backpapier ausgelegtes Backblech geben.
30 Minuten im Backofen bei 180 °C (Ober-/Unterhitze) backen. Eventuell zwischendurch die Masse umrühren. Aus dem Ofen nehmen und abkühlen lassen.
Wenn das Granola zu grob ist, gib es noch einmal kurz in die Küchenmaschine. Danach alles in Gläser füllen oder direkt verwenden.

Spontanes Mitbringsel für den Einzug ins neue Haus oder zur Party gesucht?

Wenn was übrig bleibt:

Vollkornbrot, Vollkornbrötchen, Laugengebäck

Zutaten

200 g Backwaren in sehr kleinen Würfeln
100 g Haferflocken fein
50 g Sonnenblumenkerne
20 g Amaranth gepufft
30 g Leinsamen
75 g Kokosöl
1 Knoblauchzehe gepresst
Prise Salz

Alternativ kannst du natürlich auch andere Zutaten wie getrocknete Tomaten, Ingwer, Chili oder Kräuter zufügen – werde kreativ!

GRANOLA
SÜSS

Die wichtigste Mahlzeit des Tages soll das Frühstück sein. Für mich ist es das definitiv. Ich liebe Granola, was nichts anderes als Knuspermüsli ist. Gekauft enthält es oft viel unnötigen Zucker und irgendwie immer etwas, was ich nicht mag. Bei meinem Rezept sind dem Geschmack keine Grenzen gesetzt und du kannst es nach Lust und Laune variieren.

ZUBEREITUNG

Brotwürfel in der Küchenmaschine grob zerkleinern und alle Zutaten in einer Schüssel vermengen. Kokosöl in der Pfanne erhitzen und alle Zutaten vermischen. Auf einem mit Backpapier ausgelegten Backblech verteilen und im vorgeheizten Ofen bei 180 °C (Ober-/Unterhitze) 30 Minuten backen. Eventuell zwischendurch umrühren.
Aus dem Ofen nehmen und abkühlen lassen. Ist es zu feucht? Weitere 10 Minuten backen. Das trockene und kalte Granola in Gläser verpacken.

Ergänze gerne noch mit getrockneten Früchten, Kakaonibs, Kokoschips oder Nüssen.

Das beste Topping für...

- dein Guten-Morgen-Müsli
- den Obstsalat
- die Quark-Nachspeise
- Apfelkompott
- Joghurt
- Pancakes

Wenn was übrig bleibt:

Vollkornbrot, Vollkornbrötchen,

Zutaten

200 g Brot oder Brötchen in kleinen Würfeln
100 g Haferflocken grob
50 g Sonnenblumenkerne
20 g Amaranth gepufft
30 g Leinsamen
75 g Kokosöl
1 EL Agavendicksaft

Evtl. Zimt oder Vanille

Oh là là!

Bis 1986 gab es für Baguettes einen Höchstpreis. 1993 verfügte der damalige Premierminister in einem Dekret strenge Auflagen für die Herstellung der gesetzlich geschützten „Baguettes nach französischer Tradition". Dieses Baguette darf nur Weizenmehl, Wasser, Salz und Hefe beinhalten und muss am Verkaufsort einer handwerklichen Bäckerei hergestellt werden. In Paris wird seit 1994 jährlich der beste Baguette-Bäcker ermittelt, der zur Belohnung den Élysée-Palast beliefern darf. Als im April 2008 wegen Knappheit der Weizenpreis stieg, erhöhten sich weltweit auch die Brotpreise. In Frankreich überstieg als Folge der Preis für die Baguettes die psychologische Marke von 1 Euro, was zu Protesten führte.

ANHÄNGER FÜR HÜBSCHE MITBRINGSEL

Einfach kopieren, anmalen, ergänzen, ausschneiden und am gewählten Gefäß mit zum Beispiel den Croutons anbringen - fertig ist ein tolles Do-It-Yourself-Geschenk!

FRAU HOLLE

Eine Witwe hatte zwei Töchter, davon war die eine schön und fleißig, die andere häßlich und faul. Sie hatte aber die häßliche und faule, weil sie ihre rechte Tochter war, viel lieber. Die andere musste alle Arbeit tun und war das Aschenputtel im Hause. Das arme Mädchen musste sich täglich auf die große Straße bei einem Brunnen setzen und so viel spinnen, dass ihm die Finger zu bluten anfingen. Eines Tages saß es wieder an dem Brunnen und sponn so viel, dass die Spule ganz blutig wurde. Da bückte es sich damit in den Brunnen und wollte sie abwaschen. Sie sprang ihm aber aus der Hand und fiel hinab. Es weinte, lief zur Stiefmutter und erzählte ihr das Unglück. Sie schalt es aber so heftig und war so unbarmherzig, dass sie sprach: »Du hast die Spule herunterfallen lassen, so hol sie auch wieder herauf!« Da ging das Mädchen zu dem Brunnen zurück und wusste nicht, was es anfangen sollte. In seiner Angst sprang es in den Brunnen hinein, um die Spule zu holen. Es verlor die Besinnung und als es erwachte, war es auf einer schönen Wiese. Die Sonne schien warm vom Himmel und überall standen vieltausend Blumen. Auf dieser Wiese ging es weiter und kam zu einem Backofen, der voll mit Brot war. Das Brot aber rief: »Ach bitte, zieh mich raus, zieh mich raus, sonst verbrenn ich! Ich bin schon längst fertig gebacken.« Da trat es an den Ofen und holte alles Brot nacheinander mit dem Brotschieber heraus. Dann ging es weiter und kam zu einem Baum, der war voll mit Äpfeln rief: »Ach bitte, schüttel mich, schüttel mich! Meine Äpfel sind alle miteinander reif.« Da schüttelte es den Baum, dass die Äpfel fielen, als regneten sie. Sie schüttelte, bis keiner mehr oben war. Als es alle auf einem Haufen zusammengelegt hatte, ging es wieder weiter. Endlich kam es zu einem kleinen Haus, daraus guckte eine alte Frau, weil sie aber so große Zähne hatte, bekam es große Angst, und es wollte fortlaufen. Die alte Frau aber rief ihm nach: »Was fürchtest du dich, liebes Kind? Bleib bei mir. Wenn du alle Arbeit im Hause ordentlich tun willst, so soll dirs gut gehn. Du musst nur achtgeben, dass du mein Bett gut machst. Du musst es fleißig aufschütteln, dass die Federn fliegen. Dann schneit es in der Welt, denn ich bin die Frau Holle.« Weil die Alte ihm so gut zusprach, fasste sich das Mädchen ein Herz und willigte ein. Es erledigte auch alles nach ihrer Zufriedenheit und schüttelte das Bett immer gewaltig, dass die Federn wie Schneeflocken umherflogen. Dafür hatte es auch ein gut Leben bei ihr. Es gab kein böses Wort, aber alle Tage Gesottenes und Gebratenes. So lebte es einige Zeit bei Frau Holle, da wurde es seltsam traurig und wusste anfangs selbst nicht warum. Endlich merkte es, dass es Heimweh war. Auch wenn es ihm hier gleich viele tausend Male besser ging als zu Hause, so hatte es doch ein Verlangen dahin. Endlich sagte es zur Frau Holle: »Ich habe die Sehnsucht nach Haus gekriegt. Und wenn es mir auch noch so gut hier unten geht, so kann ich doch nicht länger bei Euch bleiben. Ich muß wieder hinauf zu den Meinigen.« Da sagte Frau Holle: »Es gefällt mir, dass du wieder nach Haus verlangst und weil du mir so treu gedient hast, so will ich dich selbst wieder hinaufbringen.« Sie nahm es daraufhin bei der Hand und führte es vor ein großes Tor. Das Tor schwang auf und als das Mädchen gerade darunter her ging, fiel ein gewaltiger Goldregen. Alles Gold blieb an ihm hängen, so dass es über und über davon bedeckt war. »Das sollst du haben, weil du so fleißig gewesen bist«, sprach Frau Holle und gab ihm auch die Spule wieder, die ihm in den Brunnen gefallen war. Darauf schloß sich Tor und das Mädchen befand sich oben auf der Welt, nicht weit vom Haus der Mutter. Als es in den Hof kam, saß dort der Hahn auf dem Brunnen und rief: »Kikeriki, unsere goldene Jungfrau ist wieder hie.« Da ging es hinein zu seiner Mutter, und weil es so mit Gold bedeckt ankam, ward es von ihr und der Schwester gut aufgenommen. Das Mädchen erzählte alles, was ihm passiert war. Als die Mutter hörte, wie es zu seinem großen Reichtum gekommen war, wollte sie, dass der anderen, häßlichen und faulen Tochter dasselbe Glück ebenfalls widerfuhr. So setzte es sich an den Brunnen und fing an zu spinnen. Da es aber keine Geduld hatte, stach es sich in den Finger und stieß die Hand in eine Dornenhecke, damit die Spule blutig wurde. Dann warf sie die Spule in den Brunnen und sprang selber hinein. Sie kam, wie die andere, auf die schöne Wiese und ging auf demselben Pfade weiter. Als sie zu dem Backofen gelangte, schrie das Brot wieder: »Ach bitte, zieh mich raus, zieh mich raus, sonst verbrenn ich! Ich bin schon längst ausgebacken.« Die Faule aber antwortete: »Da hätt ich Lust, mich schmutzig zu machen«, und ging fort. Bald kam sie zu dem Apfelbaum, der rief: »Ach bitte, schüttel mich, schüttel mich! Meine Äpfel sind alle miteinander reif.« Sie antwortete aber: »Du kommst mir recht! Es könnte mir doch einer auf den Kopf fallen«, und ging damit weiter. Als sie vor der Frau Holle Haus kam, fürchtete sie sich nicht, weil sie von ihren großen Zähnen schon gehört hatte, und verdingte sich gleich zu ihr. Am ersten Tag tat sie sich Gewalt an, war fleißig. Sie folgte der Frau Holle artig, wenn sie ihr etwas auftrug, denn sie dachte an das viele Gold, das sie ihr schenken würde. Am zweiten Tag aber fing sie schon an zu faulenzen. Am dritten noch mehr und wollte morgens gar nicht aufstehen. Sie machte auch der Frau Holle das Bett nicht, wie sichs gebührte, und schüttelte es nicht, dass die Federn aufflogen. Das ward die Frau Holle bald müde und sagte ihr den Dienst auf. Die Faule war das wohl zufrieden und meinte, nun würde der Goldregen kommen. Die Frau Holle führte auch sie zu dem Tor. Als sie aber darunterstand, ward statt des Goldes ein großer Kessel voll Pech ausgeschüttet. »Das ist zur Belohnung deiner Dienste«, sagte die Frau Holle und schloss das Tor zu. Da kam die Faule heim, aber sie war ganz mit Pech bedeckt. Der Hahn auf dem Brunnen, rief, als er sie sah: »Kikeriki, unsere schmutzige Jungfrau ist wieder hie.« Das Pech aber blieb fest an ihr hängen und wollte, solange sie lebte, nicht abgehen.

GEBRÜDER GRIMM

VORRATEN, ABER RICHTIG!

Egal, ob hübsche Keramik oder Glas.
Hauptsache dicht – mit einem Vakuumring!

5_FÜR KINDER

Ich kann das alleine.

WEISSBROT MACHT WIEDER SAUBER!

Wie schnell ist ein Fettfleck an der Wand. Mit dem weichen Teil von Weißbrot kurz darüber gerieben ist er auch schnell wieder weg.

SÜSSER MÜRBETEIG = PLÄTZCHEN!

Du findest in diesem Buch auch ein Rezept für den herzhaften Mürbeteig. Die süße Variante darf natürlich auch nicht fehlen, da sie Grundlage vieler meiner Gerichte ist (Crumble, Schichttorte...). Je nach Verwendung und Geschmack kannst du gemahlene Mandeln in den Teig mischen und Vanillekipferl daraus formen oder für dunkle Kekse Kakaopulver mit in den Teig geben.

ZUBEREITUNG

Backwaren in der Küchenmaschine sehr fein mahlen. Das Mehl auf die Arbeitsplatte geben, die Butter in Stückchen und den Zucker dazugeben. Mit den Händen zu einem Teig kneten und daraus eine Kugel formen. Ist der Teig noch zu krümelig, füge etwas kaltes Wasser hinzu. Die Teigkugel in einer Schüssel 30 Minuten in den Kühlschrank stellen. Anschließend auf einer bemehlten Arbeitsplatte ausrollen.

Die Plätzchen ausstechen und auf einem mit Backpapier belegten Backblech im Ofen bei 180 °C (Ober-/Unterhitze) backen, bis sie leicht braun sind.

Wenn was übrig bleibt:

Weißbrot, Brötchen, Baguette, Hefegebäck

Zutaten für 1 Blech

250 g Backwaren
160 g Butter kalt
80 g Zucker
Eventuell 50 ml kaltes Wasser
Mehl für die Arbeitsplatte

Dekoration für Plätzchen

♥ Schokoglasur
Kuvertüre schmelzen und die Kekse damit einpinseln

♥ Zuckerguss
70 g Puderzucker mit 1 EL Zitronensaft vermischen

♥ Zuckerperlen, Pistazien, gehackte Mandeln, Streusel, getrocknete Beeren, Nusssplitter...

KUCHENLOLLIS

Der nächste Kindergeburtstag naht? Ich habe die Kuchenlollis ausprobiert, als meine Kinder eigentlich schon zu alt dafür waren. Kein Problem, die Lollis eignen sich auch hervorragend als Fingerfood, für Partys oder die Kaffeetafel.
Da die Zubereitung etwas zeitintensiver ist, bereite ich gleich die doppelte Menge zu. Nach dem Familienkaffee ist vor dem Familienkaffee!

ZUBEREITUNG

Kuchenreste in einer Schüssel zerkleinern, mit Butter und Saft mischen und zu einem glatten Teig verkneten. Wenn er zu trocken ist, füge noch 1 bis 2 EL Saft oder Marmelade hinzu. Aber Achtung, der Teig darf nicht zu feucht sein, sonst halten die Kugeln nicht auf den Stielen. Er sollte elastisch aber nicht klebrig sein. Aus der Masse 20 gleichgroße Kugeln formen und diese am besten über Nacht in den Kühlschrank stellen. Wenn du es eilig hast, stelle die Kugeln für eine Stunde in das Gefrierfach.
In der Zwischenzeit die Kuvertüre grob hacken und über dem Wasserbad schmelzen. Kugeln aus dem Kühlschrank holen, die Stiele einen Zentimenter in die Kuvertüre tauchen und anschließend in die Teigkugel drücken. Kugeln mit den Stielen erneut für eine Stunde in den Kühlschrank stellen.

Kugeln aus dem Kühlschrank nehmen und nacheinander zu 2/3 in die Kuvertüre tauchen. Abtropfen lassen, mit der Deko verzieren und in ein Glas stellen. Die Kuchenlollis bis zum Vernaschen im Kühlschrank aufbewahren.

Wenn was übrig bleibt:

Kuchenreste

Zutaten für 20 Kuchenlollis

400 g Kuchenreste aus Rührkuchen
100 g Butter
2 EL Saft (O-Saft, Maracujasaft) oder
2 EL Marmelade/Konfitüre
200 g Kuvertüre
Sonstiges:
Perlen, Deko-Konfetti, Streusel, kleine Marshmallows, getrocknete Beeren oder Krokant als Dekoration
20 Stiele

RIESEN-KEKS

Statt aus dem Teig viele kleine Kekse zu backen, backe doch einfach einen riesengroßen für dich. Doch ehrlich gesagt, fängt so ein gigantischer Keks erst so richtig an Spaß zu machen, wenn man diesen mit Freunden und Familie teilen kann. Und natürlich, wenn man obendrauf noch eine extra Ladung Eis packt!

ZUBEREITUNG

Backwaren rösten, in der Küchenmaschine zerkleinern und zur Seite stellen.
Butter und Zucker mindestens 2 Minuten ebenfalls in der Küchenmaschine cremig schlagen. Zerkleinerte Backwaren, Milch, Natron und Salz unterheben. Den Teig in eine ofenfeste Pfanne füllen und die Schokodrops darauf verteilen. Die Pfanne in den vorgeheizten Backofen stellen und bei 180 °C (Umluft) 12 Minuten backen. Die Pfanne aus dem Ofen holen und 15 Minuten abkühlen lassen.

Nach dem Abkühlen direkt aus der Pfanne essen oder mit Vanilleeis, Schokosauce und Sahne servieren.

Du kannst auch Mini-Kekse daraus backen, dazu kleine Teighäufchen auf einem Backpapier verteilen und leicht andrücken. Der Teig verläuft während des Backens zu runden Keksen.

Statt der Schokostücke kannst du auch andere Toppings dazugeben. Nüsse oder getrocknete Früchte schmecken auch sehr lecker.

Wenn was übrig bleibt:

Brötchen, Weißbrot, Baguette

Zutaten für 1 große Pfanne

150 g Backwaren

120 g Zucker (braun, weiß, Kokosblütenzucker)

120 g Butter oder Margarine

50 ml Milch

50 g Schokodrops (Schokolinsen, Schokotröpfchen)

1 TL Natron

Prise Salz

PANCAKES

Saftige Pancakes ohne Ei, geht das? Und ob! Dank der Banane wird der Teig auch ohne Ei richtig saftig. Und wenn ihr bei der Milch eine tierfreie Variante benutzt, sind die Pancakes komplett vegan. Ich benutze hier in der Regel Hafermilch und esse sie dann am liebsten mit Mandelmus und frischen Beeren. Und wenn es mal zu viele sind, friere ich sie einfach ein. Spätestens am nächsten Tag holt sie eines meiner Kinder aus der Tiefkühltruhe und toastet sich schnell einen Pancake. Und schon ist da dieser Duft in der Küche...

ZUBEREITUNG

Milch in eine Schüssel geben und die Backwaren in groben Stücken dazugeben. 10 Minuten einweichen lassen. Banane mit der Gabel zerdrücken und mit Backpulver, Zucker und der Prise Salz zu dem Brötchen-Milch-Mix geben. Das Ganze mit der Gabel oder dem Stabmixer verrühren und weitere 10 Minuten stehen lassen. Etwas Öl in einer Pfanne erhitzen. Den Teig mit einem Schöpflöffel nach und nach in die Pfanne geben und die Pancakes bei mittlerer Hitze von beiden Seiten goldbraun braten.

Wenn was übrig bleibt:

Brötchen, Weißbrot, Hefegebäck

Zutaten 8 kleine Pancakes

150 g Backwaren
250 ml Milch
2 TL Backpulver
1 große oder 2 kleine Bananen (möglichst schon etwas braun)
2 EL braunen Zucker
1 Prise Salz
Neutrales Öl für die Pfanne

ENERGY BALLS

Meine Kinder lieben diese gesunden Pralinen. Komplett ohne Zucker sind sie wahre Energiebomben und ein leckerer Powersnack. Wenn wir Familienausflüge machen, habe ich sie eigentlich immer dabei, und meine Jungs nehmen sie gerne mit zum Sport.

ZUBEREITUNG

Backwaren, Mandeln und Sonnenblumenkerne in der Küchenmaschine zerkleinern. Danach Kakaopulver, Kakaonibs und Datteln hinzufügen und so lange mixen, bis eine cremige Masse entsteht.

Diese nun zu kleinen Bällchen formen und je nach Geschmack, Lust und Laune in getrockneten Beeren, Kokosflocken, Pistazien und Co. wälzen.

Wenn was übrig bleibt:

Vollkornbrot, Körnerbrot, Körnerbrötchen

Zutaten für 15 Bällchen

80 g Backwaren
50 g Mandeln
50 g Sonnenblumenkerne
100 g Datteln entsteint
2 TL Kakaopulver
2 TL Kakaonibs

Tipps für die Verzierung:
getrocknete Beeren, Pistazien,
gehackte Mandeln, Kokosflocken

Ideal auch für unterwegs!

MÜSLIRIEGEL

Diese Müsliriegel findet man immer in meinem Eisfach. Ich nehme sie mit auf lange Fahrten oder habe sie tagsüber dabei, wenn ich nicht weiß, wann ich was essen werde. So entsteht einfach nie Heißhunger.
Auch die Jungs haben sie gerne in der Schule dabei, um zwischendurch oder danach schnell wieder Energie zu bekommen.

ZUBEREITUNG

Brot im Toaster oder im Backofen rösten und anschließend in der Küchenmaschine grob zerkleinern. Erdnüsse, Datteln und Bananenchips dazugeben, zerkleinern und in eine Schüssel umfüllen. Amaranth, Leinsamen und Zimt unterrühren. Kokosöl oder eine Alternative im Topf schmelzen lassen, Erdnussbutter und Agavendicksaft zugeben. Die geschmolzene Masse über die trockenen Zutaten geben und alles miteinander verrühren. Auf ein mit Backpapier ausgelegtes Backblech streichen (ca. 1 - 2 cm hoch) und fest zusammendrücken. Du kannst sie auch in eine eingefettete Form streichen, wichtig ist nur, dass der Teig fest zusammengedrückt ist.

Alles im vorgeheizten Backofen bei 180 °C (Ober-/Unterhitze) 20 Minuten backen. Etwas abkühlen lassen und noch lauwarm in Riegel schneiden. Die Riegel im Kühlschrank für mindestens vier Stunden kühlen, am besten über Nacht. Bis zum Verzehr im Kühlschrank aufbewahren oder einfrieren.

Wenn was übrig bleibt:

Vollkornbrot, Körnerbrot, Körnerbrötchen

Zutaten für 15 Bällchen

150 g Brot oder Brötchen
150 g Erdnüsse
50 g Datteln entsteint
40 g Bananenchips
5 EL Agavendicksaft
8 EL Erdnussbutter
3 EL Amaranth gepufft
5 EL Leinsamen
3 TL Kokosöl, Butter oder Margarine
1/2 TL Zimt

7_AUFSTRICHE

Aufge-
schmiert.

FRISCHKÄSEAUFSTRICH

Ich liebe Dinge, die mit wenig Aufwand eine große Wirkung erzielen. Dieser Aufstrich gehört definitiv dazu.
Er ist in 5 Minuten fertig und ein Genuss auf frischem Brot. Oft füge ich noch frische Kräuter, rosa Beeren, Pfeffer, Knoblauch, Jalapeños, Kapern oder getrocknete Tomaten hinzu und fertig ist der perfekte Dip für Brot, Gemüsesticks oder Kartoffeln.

ZUBEREITUNG

Backwaren im Backofen oder Toaster rösten, in der Küchenmaschine zerkleinern und mit den restlichen Zutaten vermischen. Gekühlt aufbewahren.

Wenn was übrig bleibt:

Brot, Brötchen, Baguette

Zutaten

50 g Backwaren
300 g Frischkäse
2 TL Agavendicksaft
1 TL Salz

DATTEL
Creme

DATTEL-DIP

Beim Geburtstag einer Freundin hatte sie diese umwerfend leckere Dattelcreme gemacht. Als ich sie dort das erste Mal probierte, war es Liebe auf den ersten Biss. Und als ich dann erfuhr, dass Brotreste Bestandteil sind, wusste ich, dass das Rezept unbedingt in dieses Buch muss. So simple und so lecker!

ZUBEREITUNG

Backwaren im Backofen oder Toaster anrösten und in der Küchenmaschine zerkleinern. Datteln dazugeben und weiter zerkleinern. Frischkäse, Knoblauch und Salz dazu, alles zu einer Creme verrühren und abschmecken.

Ob frisches Brot dazu oder geröstetes, mit dem Aufstrich schmeckt es einfach wunderbar.

Wenn was übrig bleibt:

Brot, Brötchen, Baguette

Zutaten

50 g Backwaren
300 g Frischkäse
100 g Datteln entsteint
1 Knoblauchzehe gehackt
1 TL Salz
Chili nach Geschmack

BESTWORSCHT
IN TOWN
65g
BESTWORSCHT
IN TOWN
HOT

Lars Obendorfer, Geschäftsführer von Best Worscht in Town. 1994 übernimmt er den Imbiss seiner Familie in Frankfurt und macht daraus eine Kette mit 24 Filialen in Deutschland. Er verändert vieles und entwickelt mit Alexander Huck ein eigenes Brot - das dunkle Ausgehobene mit Roggen, Sauerteig und knuspriger Kruste.

MIT BEST BROT ZUR BEST WORSCHT IN TOWN

Wir sind ein bisschen stolz darauf, dass unser Brot bei Dir nicht mehr wegzudenken ist. Erzähl mal, wer bestellt Brot und wer Pommes zur Worscht?

Schwer zu sagen. Und in der Tat nehmen die meisten beides dazu. Die Pommes, weil es einfach dazu gehört, und das Brot, weil es das so nirgends gibt.

Jährlich werden in Deutschland 12 Millionen Tonnen Lebensmittel weggeschmissen und auch bei dir bleibt in den Läden sicher mal was übrig. Wie gehst du mit dem Thema um?

Ganz ehrlich. In meinen Läden wird nahezu nichts weggeworfen. Die meisten Produkte sind länger haltbar und ich habe ein gutes Warenmanagement etabliert.

Mit REWE – wo einige meiner selbst kreierten Produkte verkauft werden – habe ich den Deal, diese 4 Wochen, bevor sie ablaufen, abzuholen und gegen neue zu tauschen. In den verbleibenden Wochen brauche ich die Sachen dann einfach in meinen Läden auf.

Ansonsten bringen wir die übrigen Brote zur Frankfurter Tafel oder verschenken auch mal welche an treue Kunden.

Wir haben gegrillt und leider sind ein paar Bratwürste übrig geblieben. Eine Idee vom „Godfather of Worscht", was ich damit noch machen kann?

Da geht einiges. Du kannst sie ganz einfach mit Zwiebeln anbraten, Gemüse und Gewürze dazu und schon hat man eine leckere Wurstpfanne.

Was meine Familie und ich sehr mögen, sind Wurstchips auf Kartoffel- oder Kürbissuppe. Du nimmst die übrigen Würste, schneidest sie in dünne Scheiben und brätst sie kross in der Pfanne an. Auf Küchenpapier abtropfen... that's it.

Und zum Schluss, Hand aufs Herz. Wieviel Currywurst kannst du überhaupt noch essen?

Ich mag meine Würste nach wie vor, bin aber auch sehr dankbar, wenn ihr mir in die Brotlieferung immer mal ein süßes Teilchen dazupackt!

KRÄUTERBUTTER

Egal, ob auf frischem, gegrilltem oder getoastetem Brot - mit der Kräuterbutter wird es besonders! Lecker!

ZUBEREITUNG

Die Butter rechtzeitig aus dem Kühlschrank nehmen und auf Zimmertemperatur erwärmen lassen.
Die Kräuter kleinschneiden, Kresse abschneiden und mit Salz, Knoblauch und Lauchzwiebelringen in einer Schüssel vermischen. Die Butter untermischen und alles gut verrühren. Anschließend im Kühlschrank aufbewahren.

Zutaten für 1 Glas

250 g Butter zimmerwarm
1,5 TL Salz
1 Knoblauchzehe gepresst
1 Bund Schnittlauch
1/2 Bund Petersilie
1 Päckchen Kresse
2 Stängel Lauchzwiebeln
in ganz feinen Ringen geschnitten

HIMBEERBUTTER

Himbeerbutter ist ein toller Hingucker. Schmeckt auf geröstetem Brot, passt aber genauso gut auf geröstetes Süßes wie Croissant oder Hefegebäck. Da kann das Gebäck ruhig ein paar Tage alt sein.

ZUBEREITUNG

Den Agavendicksaft mit der Prise Salz und Vanille verrühren. Das Ganze unter die Butter rühren. Die getrockneten Himbeeren vorsichtig untermischen.
Alternativ statt der getrockneten Himbeeren 100 g frische Himbeeren unterrühren.
Anschließend im Kühlschrank aufbewahren.

Zutaten für 1 Glas

250 g Butter zimmerwarm
1 Prise Salz
Mark einer Vanilleschote
50 g Himbeeren getrocknet
2 EL Agavendicksaft

Ich verfeinere die Spekulatius-Creme auch gerne mit gerösteten Mandelstiften oder Schokoladenstückchen. Wenn du Schokoladenstückchen zufügst, kannst du den Zucker ganz weglassen.

SCHOKOPLÄTZCHEN-CREME

Wenn wir Kekspackungen mit Resten oder kaputte Kekse haben, dann zaubere ich diesen leckeren Aufstrich. Manchmal habe ich das Gefühl, dass mein Mann die Plätzchen mit Absicht kaputt macht, um Nachschub zu bekommen.

ZUBEREITUNG

Erdnüsse und die Plätzchen in der Küchenmaschine fein hacken. Butter im Topf schmelzen, Sahne und Schokolade in Stücken dazugeben und verrühren. Butter-Sahne-Schokogemisch zu den Erdnüssen und Plätzchen geben und alles in der Küchenmaschine zu einer Creme verrühren. Das Glas heiß ausspülen, mit der Creme befüllen und mit dem Deckel verschließen. Achte darauf, dass der Rand des Glases sauber ist, bevor du es verschließt. Den Aufstrich abkühlen lassen und im Kühlschrank aufbewahren.

Wenn was übrig bleibt:

Plätzchen und Kekse

Zutaten für 1 Glas

100 g Plätzchenreste
100 g Erdnüsse
100 g Schokolade
40 g Butter
40 g Sahne

SPEKULATIUS-CREME

Selbst gemachte Spekulatiuscreme ist der beste Brotaufstrich für die Advents- und Weihnachtszeit. Eine tolle Geschenkidee aus der Küche. Kopiere dazu doch einfach meine Vorlage der Geschenkanhänger, nimm ein schönes Glas und Band und schon hast du ein tolles Mitbringsel zum Adventskaffee.

ZUBEREITUNG

Die Kondensmilch mit der Butter in einem Topf erwärmen, Zucker darin auflösen und verrühren. Die Kekse in der Küchenmaschine zerkleinern und mit Zimt zur Milch-Butter-Zucker-Mischung geben. Die Mischung in der Küchenmaschine zu einer Creme verrühren und anschließend in Gläser füllen. Die Gläser vorher unbedingt heiß ausspülen, bevor du die Creme einfüllst. Mit dem Deckel fest verschließen und abkühlen lassen. Lagere die Gläser am besten kühl und dunkel, dann kannst du sie ein paar Wochen genießen.

Wenn was übrig bleibt:

Spekulatius

Zutaten für 2 Gläser

200 g Spekulatius
100 ml Kondensmilch oder Sahne
50 g Butter
40 g brauner Zucker
1 TL Zimt

8_DESSERT

Das geht immer.

Du kannst die Knödel mit vielen Varianten füllen – lecker sind zum Beispiel Aprikosen, Nougat oder Schokopralinen!

SÜSSE KNÖDEL

So einfach und doch so lecker! Durch die unterschiedlichen Füllungen kann ich jedem Familienmitglied seinen Lieblingsknödel zubereiten. Im Sommer schmecken sie lecker mit Vanilleeis, im Winter ist ein schönes Kompott eine tolle Ergänzung.

ZUBEREITUNG

Milch im Topf erwärmen und Zucker einrühren. Backwaren in kleine Stücke schneiden, mit warmer Milch übergießen und 10 Minuten einweichen lassen. Mit feuchten Händen die eingeweichten Backwaren zu einem Teig verkneten. Eventuell die restliche Milch dazugeben. Aus dem Teig 8 kleine Knödel formen und in die Mitte jeweils eine Zwetschge, Aprikose oder Nougatpraline stecken und mit Teig verschließen. Die Knödel im Paniermehl wälzen und im Kokosöl von allen Seiten goldbraun braten.

Wenn was übrig bleibt:

Weißbrot, helle Brötchen, Baguette, Hefeteig

Zutaten für 4 Personen

400 g Backwaren
500 ml Milch + 100 ml Ersatz
1 EL Zucker
Paniermehl
Kokosöl für die Pfanne

Ideen für die Füllung: Zwetschgen, Aprikosen, Nougatpralinen, Schokobons, Nüsse...

Backwaren in Scheiben schneiden, in Milch einweichen, anschließend zerrupfen......

In den Händen zu einem Kloß formen und die Pflaumen eindrücken.

Tipp: Wälze die Knödel in Nussbröseln oder gemahlenen Mandeln und füge dem Teig etwas Zimt oder Vanille zu.

TIRAMISU

Tiramisu - wandelbar und fabelhaft.
Statt Löffelbiskuit nehme ich Croissant und Hefezopfreste. Den Rest der Zutaten kannst du wunderbar verändern. Ich habe dir das Grundrezept aufgeschrieben und ein paar Ideen zum Ausprobieren ergänzt. Je nach Saison mische verschiedene Obstsorten unter die Mascarponecreme, versuche es mit Eierlikör, Vanille, Nüssen, Schokostückchen, Kokosflocken oder Zimt, das ist eine tolle Abwechslung. Wenn Kinder mitessen, tränke das Hefegebäck in Kakao oder Fruchtsaft, auch eine Mischung aus Milch und Vanillezucker schmeckt toll. Wenn du das Tiramisu etwas leichter magst, tausche die Sahne gegen Joghurt. Im Sommer nehme ich Vanillejoghurt und frische Erdbeeren, im Winter in Kakao getränkte Gebäckstücke und Banane in der Mascarponecreme. Also trau dich ruhig und experimentiere mit dem Rezept.

ZUBEREITUNG

Kaffee oder Espresso kochen und abkühlen lassen. Die Sahne mit Sahnesteif schlagen, Mascarpone mit Amaretto und Puderzucker verrühren und die geschlagene Sahne vorsichtig unter die Mascarponecreme heben. Backwaren in dünne Scheiben schneiden und in eine Auflaufform oder kleine Gläser füllen. Die Backwaren mit dem Kaffee beträufeln und eine Schicht Mascarpone-Sahne-Creme darauf verteilen. Das Ganze wiederholen und mit der Cremeschicht enden. Tiramisu für 3 bis 4 Stunden, besser über Nacht in den Kühlschrank stellen. Vor dem Servieren mit Kakaopulver bestreuen.

Wenn was übrig bleibt:

Hefegebäck, Brioche, Croissant

Zutaten für 4 Personen

150 g Backwaren
200 ml Sahne
1 Päckchen Sahnesteif
200 g Mascarpone
1 EL Amaretto oder Mandelsirup oder ein paar Tropfen Bittermandelöl
100 ml kalter Kaffee oder Espresso
60 g Puderzucker
1 EL Kakaopulver

KUCHENPRALINEN

Kuchenpralinen sind perfekt, um Kuchenreste, misslungene oder zerfallene Kuchen zu retten. Da kannst du auch unterschiedliche Kuchenreste verwenden. Nur verwende keine Obst- und Sahnetorten. Und wenn du vor dem Eintauchen in die Kuvertüre Trockenfrüchte, Schokostückchen oder Nüsse in die Pralinen steckst, werden sie einfach unwiderstehlich.

ZUBEREITUNG

Kuchenreste klein schneiden und mit Sahne, Puderzucker und Kakaopulver in der Küchenmaschine zu einem Teig vermengen. Sollte er zu trocken sein, noch etwas Sahne nachgießen. Backpapier in eine kleine, rechteckige Auflaufform legen und die Kuchenmasse darauf verstreichen. Mit Backpapier abgedeckt in den Kühlschrank stellen und mindestens 2 Stunden abkühlen lassen. Die Kuvertüre über einem Wasserbad erwärmen, bis sie flüssig ist. Die Form aus dem Kühlschrank holen und das Backpapier vorsichtig mit der Kuchenmasse aus der Form heben. Mit einem Messer kleine Quadrate schneiden. Die Pralinen mit zwei Gabeln vorsichtig in die Kuvertüre tauchen, rausholen, auf einem Gitter abtropfen und auskühlen lassen. Die Pralinen nach Belieben dekorieren und sie wieder kalt stellen, bis die Kuvertüre fest ist. Aus dem Kühlschrank holen und auf einer schönen Platte servieren. Geduld zahlt sich aus, jetzt kannst du sie dir schmecken lassen.

Wenn was übrig bleibt:

Rührkuchen

Zutaten für 4 Personen

400 g Kuchenreste
80 g Sahne, alternativ Joghurt oder Frischkäse
1 EL Puderzucker
1 EL Kakaopulver
200 g Kuvertüre

Für die Dekoration:
Streusel, Zuckerperlen, gehackte Nüsse, Mini-Marshmallows, Pistazien, getrocknete Beeren oder Kokosflocken

9_PARTY

Große Runde.

Ich fülle den Pudding entweder in eine schöne Auflaufform oder in kleine Gläschen - perfekt für kleine und große Feiern!

BANANEN-BRIOCHE-PUDDING

Wir waren mit Freunden in New York und ich musste unbedingt in die Magnolia Bakery, um den legendären „Banana Pudding" zu probieren. Er war köstlich. Zu Hause habe ich versucht, einen ähnlichen Pudding mit trockenem Brioche zu kreieren. Testesser waren unsere Reisebegleiter, die jetzt öfter in „Meine Bakery" kommen.

ZUBEREITUNG

Backwaren in kleine mundgerechte Stücke schneiden, Bananen in Scheiben schneiden. Die Sahne schlagen und unter den Pudding heben. Brioche, Banane und Pudding abwechselnd in Gläser, Schale oder Auflaufform schichten und mit der Puddingschicht enden.

Bis zum Servieren kaltstellen.

Wenn was übrig bleibt:

Brioche, Hefegebäck, Croissant, Kekse

Zutaten für 4 Portionen

250 g Backwaren
(alternativ kannst du auch süße Croutons verwenden, wenn du noch welche im Vorrat hast)
300 ml Schlagsahne
1 Portion Vanillepudding fertig zubereitet (1 Päckchen Puddingpulver zum Kaltanrühren oder alternativ kannst du auch einen Pudding kochen und ihn kalt werden lassen)
3 Bananen reif

Irgendwie sind das ja eigentlich zwei verschiedene Dinge: Brot und Muffins. Ich nenne dieses Rezept dennoch so - im Prinzip sind es süße Brote, die sich als Muffins tarnen. Ich wette, alles, was man dafür braucht, hast du im Haus und kannst so Spontanbesuch am Nachmittag schnell glücklich machen.

SÜSSE BROT-MUFFINS

ZUBEREITUNG

Zucker mit Ei mischen, Milch, Zimt und Schokodrops dazugeben. Backwaren in kleine Würfel schneiden, mit den anderen Zutaten verrühren und 25 Minuten ziehen lassen. Muffinförmchen ausfetten, mit der Masse befüllen und mit Mandelblättchen abschließen. 20 Minuten bei 180 °C (Umluft) backen. Auskühlen lassen und mit Puderzucker bestäuben.

Wenn was übrig bleibt:

Weißbrot, Brötchen, Brioche, Hefegebäck

Zutaten für 8 Stück

120 g Backwaren
150 g Milch
25 g Zucker mit Vanille
1 Ei
1 EL Schokodrops oder Rosinen
1/4 TL Zimt
2 EL Mandelblättchen
Öl für die Form
Puderzucker

HERZHAFTE BROT-MUFFINS

Dieses Rezept erfüllt das Thema Resteverwertung komplett. Verwende an Käse, was du im Haus hast. Schinken, Würstchen oder doch die letzte Scheibe Salami? Alles passt und selbst eine nicht mehr ganz so frische Paprika bekommt noch einen tollen Auftritt. Und wenn du Eier magst, schlag doch ein Ei über die Muffins, bevor sie in den Ofen kommen.

ZUBEREITUNG

Milch, Ei, Zwiebel, Schinken und Petersilie in einer Schüssel vermischen. Backwaren in kleine Würfel schneiden und unter die anderen Zutaten geben. Alles gut verrühren und 20 Minuten ziehen lassen. Muffinförmchen ausfetten, mit der Masse befüllen und mit Käse bestreuen. Im Backofen 20 Minuten bei 180 °C (Umluft) backen. Am besten servierst du die Muffins mit frischem Schnittlauch.
Sie schmecken kalt genauso gut wie warm.

Wenn was übrig bleibt:

Weißbrot, Mischbrot, Vollkornbrot, Brötchen, Laugengebäck

Zutaten für 8 Stück

120 g Backwaren
1 Ei
150 g Milch
1 kleine Zwiebel
1 EL frische Petersilie gehackt
50 g rohe Schinkenwürfel
3 EL Käse in Stückchen oder gerieben

MIT ERBSEN
MIT MAIS
MIT KAROTTEN

GEMÜSEBÄLLCHEN FALAFEL-ART

Falafel sind ein geniales Rezept, um Reste zu verarbeiten. Sie lassen sich toll mit Karotten herstellen, aber auch mit Mais, Erbsen und anderen Gemüsesorten schmecken sie lecker. Wir stellen sie bei Feiern gerne mit aufs Buffet, da sie sich perfekt als Fingerfood eignen. Aber auch zu einem Picknick, auf Salat oder zu einer Tomatensoße passen sie hervorragend.
Pssst..... auch als „Gemüseverstecker“ für Kinder sind sie bestens geeignet.

ZUBEREITUNG

Brot im Toaster oder im Backofen rösten und anschließend in kleine Stücke schneiden. Die gerösteten Brotstücke in der Küchenmaschine fein mahlen. Die Kräuter und den Knoblauch hacken und mit den restlichen Zutaten zu dem Brot geben. Auf mittlerer Stufe im Mixer kurz vermengen. Die Masse abschmecken und gegebenenfalls nachwürzen. Aus der Masse 15 Bällchen formen und diese im Paniermehl wälzen. Das Öl in der Pfanne erhitzen und die Bällchen von allen Seiten anbraten.

Wenn was übrig bleibt:

Körnerbrot, Körnerbrötchen

Zutaten für 15 Bällchen

150 g Brot oder Brötchen in Scheiben

300 g Gemüse gewürfelt und gekocht

1 TL Salz

2 TL Agavendicksaft

1 Knoblauchzehe

1 Bund Schnittlauch

1 TL Petersilie

1 Spritzer Zitrone

1 Prise Zimt

Paniermehl

Neutrales Pflanzenöl für die Pfanne

SÜSSE BROTCHIPS

Brotchips, ob süß oder herzhaft, gibt es mittlerweile im Handel in großer Auswahl. Schau ich auf die Zutatenliste, hab ich eigentlich schon keine Lust mehr darauf. Meine süßen Chips benötigen neben Brot gerade mal 3 weitere Zutaten. Einfacher geht es nun wirklich nicht.

ZUBEREITUNG

Baguette in 4 mm dicke Scheiben schneiden und nebeneinander auf ein Backblech legen. Baguettescheiben mit Öl einpinseln, mit Puderzucker und Zimt bestreuen. Das Blech in den Backofen schieben und bei 190 °C (Umluft) backen.

Die Brotchips kannst du auch länger aufbewahren, dazu am besten luftdicht verpacken. Alternativ kannst du sie auch frittieren, dazu portionsweise die Baguettescheiben in die heiße Fritteuse geben, rausholen und auf Küchenkrepp abtropfen lassen. Anschließend in eine Schüssel füllen und würzen.

Wenn was übrig bleibt:

1 Baguette

Zutaten für 4 - 6 Personen

1 Baguette

Sonnenblumenöl

Puderzucker und Zimt

alternativ auch mit Vanille würzen

Du kannst deine Brotchips unterschiedlich würzen und so tolle Variationen zaubern.

ALS BÄCKER NOCH BRAUER WAREN

„Heute back ich, morgen brau ich…“ Diese berühmten Zeilen aus dem Märchen Rumpelstilzchen der Gebrüder Grimm kennt wohl jeder. Und es steckt tatsächlich viel Wahrheit in diesen Worten, denn die Geschichte des Bieres ist seit dem Mittelalter eng verknüpft mit der Brotherstellung. Durch Zufall entdeckte man nämlich, dass Hefen über die Luft in den Brotteig gelangten, wenn man diesen nicht schnell genug verarbeitete. Durch die einsetzende Gärung und das Hinzufügen von Wasser wurde aus dem Brei eine Art Ur-Bier. Fortan nutzten die Bäcker halbgares Brot am folgenden Tag zum Bierbrauen. Allerdings wusste man im Mittelalter nichts von der Existenz der Hefen und ihrer Wirkung, die Gärung setzte also spontan ein. Das verlieh dem Back- und Brauprozess einen mystischen Hauch. Damit ist das Rätsel des märchenhaften Spruchs gelöst: Nach dem Backtag kam der Brautag. Und aus dem Brot entstand das Bier.

Was liegt da näher als mit einer Frankfurter Bierbrauerei an geheimen Produkten zu basteln? Aber auch ohne Braukessel schmeckt ein Bier wunderbar zu selbstgemachten Brotchips.

***Tipp** Gewürzmischung: 25 g Salz, 25 g Röstzwiebeln, 30 g getrocknete Kräuter (Schnittlauch, Rosmarin, Thymian, Petersilie), 10 g Paprikapulver süß, 10 g Zucker, optional 1 Knoblauchzehe geschält. Alle Zutaten in der Küchenmaschine zerkleinern. Auch ein tolles Mitbringsel!

BROTCHIPS

Wenn was übrig bleibt:

Weißes oder Körner-Baguette

Zutaten für 4 - 6 Portionen

1 Baguette
Olivenöl
Gewürze nach Belieben oder versuch mal meinen Tipp mit der Gewürzmischung*

ZUBEREITUNG

Das Baguette in 4 mm dicke Scheiben schneiden (am einfachsten geht es mit einer Brotschneidemaschine) und nebeneinander auf ein Backblech legen. Baguettescheiben mit Öl einpinseln, das Blech in den Backofen schieben und bei 190 °C (Umluft) backen. Wenn die Baguettescheiben goldbraun sind, aus dem Ofen holen und mit der Gewürzmischung oder deinen eigenen Gewürzen würzen.
Die Brotchips kannst du auch länger aufbewahren, dazu am besten luftdicht verpacken.

Alternativ kannst du sie auch frittieren, dazu portionsweise die Baguettescheiben in die heiße Fritteuse geben, rausholen und auf Küchenkrepp abtropfen lassen. Anschließend in eine Schüssel füllen und würzen.

Willst du Kinder-
augen zum Leuchten
bringen und süße Pommes
rot/weiß zaubern, dann
stellst du den süßen
"Ketchup" auch schnell
selber her.*

SÜSSE BROT-POMMES

Es gibt viele Rezepte von süßen Brot-Pommes. Aber in der Regel werden die Brotscheiben nur getoastet und mit süßen Dips serviert. Das war mir zu wenig und so habe ich ein wenig experimentiert und diese Variante war bei meinen Kindern und deren Freunden immer auf der Wunschliste. Wenn du keine Eier verwenden magst, nimm einfach etwas mehr Milch. Und natürlich können die Pommes auch in der Fritteuse knusprig gebacken werden. Am liebsten essen wir dazu eine Soße aus roten Beeren oder eine Schokocreme.

ZUBEREITUNG

Brot in fingerdicke Streifen schneiden. Milch mit Eiern und Zucker verquirlen. Semmelbrösel oder Kokosraspel in einen tiefen Teller geben. Nun die Brotsticks in die Milch-Ei-Masse tauchen und in der Panade wenden. Mit Puderzucker bestreut die Pommes für 20 Minuten im Ofen (vorgeheizt auf 180 °C Umluft) backen.

Wenn was übrig bleibt:

Kastenbrot, Hefebrot, Toastbrot

Zutaten für 4 Personen

500 g Brot in Scheiben
150 g Paniermehl » ein Rezept dafür findest du auf Seite 42
oder Kokosraspel
400 ml Milch
4 EL braunen Zucker
2 Eier
Puderzucker

***Süßer Ketchup**
Einfach Erdbeeren oder Himbeeren (auch TK) erhitzen und pürieren. Diese durch ein Sieb streichen und mit Puderzucker verrühren.

***Süße Mayo**
Hier kannst Du einfach Joghurt oder Quark verwenden und mit etwas Vanillezucker abschmecken.

Aber auch Schokosoße, Pudding, oder Apfelmus eignen sich zum Dippen.

Zutaten Rote Sauce*

50 g Brot oder Brötchen
200 g rote Paprika
4 EL Mandeln, 3 EL Öl
1 TL Salz, 1 getrocknete kleine Chilischote, 3 Knoblauchzehen
1 TL Agavendicksaft
4 kleine Tomaten oder eine große Tomate

Zutaten Aioli Dip*

50 g Weißbrot
200 ml Milch
100 ml neutrales Öl
Je 1 TL Zitronensaft, Apfelessig und Senf
3-4 Knoblauchzehen
1/2 TL Salz

HERZHAFTE BROT-POMMES

Gemütlich zum Fernsehabend auf die Couch und noch Lust auf etwas zu knabbern? In wenigen Minuten hast du diesen Snack hier zubereitet. Die Brot-Pommes sind nicht so fettig wie normale Pommes und total knusprig. Schnell noch einen leckeren Dip dazu, perfekt.
Die „Pommes" eignen sich übrigens auch als Beilage zu Currywurst oder Wiener Schnitzel.

ZUBEREITUNG

Brot in fingerdicke Streifen schneiden. Öl mit Salz und den Gewürzen verrühren. Nun die Brot-Pommes vorsichtig mit den Fingern oder einem Backpinsel mit der Ölmischung bestreichen. Auf einem Backblech 10 min im vorgeheizten Ofen bei 200 °C (Umluft) knusprig werden lassen.

Für die Rote Sauce*
Das Brötchen in grobe Stücke schneiden und in der Küchenmaschine zerkleinern. Das kleingehackte Brot zur Seite stellen und die Mandeln im Mixer ebenfalls klein hacken. Alle anderen Zutaten und das gemahlene Brot zu den gehackten Mandeln in den Mixer geben und zu einer Creme verrühren. Abschmecken und eventuell nachwürzen. Den Dip zu den herzhaften Brot-Pommes, zum Burger oder einfach zu Gemüsesticks reichen.

Für Aioli Dip*
Brot in Stücke schneiden und in Milch einweichen. Eingeweichtes Brot und alle weiteren Zutaten (außer Öl) in die Küchenmaschine geben und cremig rühren. Öl nun ganz langsam zulaufen lassen, so dass eine cremige Masse entsteht.

Wenn was übrig bleibt:

Kastenbrot, Toastbrot

Zutaten für 4 Personen

500 g Brot in Scheiben
50 ml Olivenöl - je nach Trockenheit des Brotes auch etwas mehr
1 TL Salz
Gewürze nach Geschmack, z.B. Salz, Pommesgewürz, Paprika, Knoblauch, Curry, Senfpulver oder Chili

» Oder probiere die Gewürzmischung auf Seite 139

ZUPFBROT

Zupfbrot kenne ich noch aus Kindertagen. Ich habe es geliebt, aus dem noch warmen Brot heimlich die ersten Stücke zu zupfen.
Heute hat es an Reiz nichts verloren. Wir essen es gerne zu einem einfachen Salat oder es ergänzt einen Grillabend.
Mittlerweile habe ich auch einige Variationen ausprobiert, vor allem auch süße. Probiere eine Variante mit Schokocreme und Banane und nicht nur Kinder werden begeistert sein.

ZUBEREITUNG

Die Kräuter mit dem Knoblauch fein hacken, mit Salz und Olivenöl vermengen. Das Brot rautenförmig zu 2/3 einschneiden (Achtung, nicht bis auf den Boden durchschneiden), so dass 2 x 2 Zentimeter große Stücke entstehen. Den Käse in Stücke schneiden und die Spalten mit Kräuteröl und Käse befüllen. Das Brot auf einen Rost legen, einschieben und das Ganze bei 180 °C (Ober-/Unterhitze) 20 Minuten backen. Du kannst das Brot auch auf den Grill legen, du musst nur eine Schale darunter stellen, sonst läuft der Käse in die Glut.

Wenn was übrig bleibt:

Brot

Zutaten für 1 Brot

1 Brot am besten oval
50 ml Olivenöl
2 Knoblauchzehen gepresst
1/2 TL Salz
200 g kräftiger Käse
1 Bund Schnittlauch
1/2 Bund Petersilie

Mein ganz persönlicher Spiele-Tipp: Sieht aus wie MENSCH ÄRGERE DICH NICHT, ist aber DOG! Das Einzige, was gleich ist, ist, dass man seine vier Spielsteine sicher in sein Häuschen bringen muss. Allerdings bewegt man sie mit Karten vorwärts, die so manche Überraschung parat halten können. Partnerschaftlich unterstützt man dabei seinen Teamkollegen. Denn den Sieg fährt man nur gemeinsam ein. Nervennahrung dringend notwendig!

BREZEL BITES

Diese kleinen Teilchen können wirklich was. Herrlich knusprig, schnell herzustellen, gut zu transportieren und extrem zu variieren.

Auch als Mitbringsel, in einem Glas verpackt, machst du lieben Freunden damit eine große Freude. Nimm einfach ein quadratisches Stück Backpapier, lege es auf den Deckel und binde es mit einem Stück Kordel zusammen. Kopiere dir doch dazu meinen schönen Anhänger und schon hast du ein tolles Geschenk.

Wenn was übrig bleibt:

Laugenbrezel, Laugenstange

Zutaten für 4 Personen als Snack

4 Brezeln in 1 cm dicke Scheiben geschnitten
1 große Zwiebel
1 Knoblauchzehe
1 EL Kokosöl
2 EL Senf mittelscharf
2 EL Senf süß
3 EL Obstessig
3 EL Agavendicksaft
2 Prisen Salz

ZUBEREITUNG

Die Brezelstücke auf einem Backblech verteilen, in den Backofen schieben und bei 180 °C (Ober-/Unterhitze) 20 Minuten backen. Währenddessen die Zwiebel und den Knoblauch schälen und auf einer Reibe reiben. Kokosöl in einem großen Topf erhitzen, geriebene Zwiebel und Knoblauch darin leicht andünsten. Die übrigen Zutaten zufügen und alles gut miteinander verrühren. Die getrockneten Brezelstücke zufügen und alles miteinander vermischen. Achte darauf, dass alle Stellen der Brezelstücke mit der Marinade überzogen sind. Die Brezelstücke zurück auf das Backblech geben, wieder in den Backofen schieben und weitere 20 Minuten backen.

Den Ofen ausschalten und einen Holzkochlöffel in die Ofentür klemmen. So kann die restliche Feuchtigkeit entweichen und die Brezeln trocknen noch nach. Nach einer halben Stunde die Brezelstücke aus dem Ofen holen und auskühlen lassen. Trocken und luftdicht verpacken.

BROT-SATÉ-SPIESSE

Saté-Spieße kennt man als Snack vom Thailänder. Meistens mit Hühnchen und Erdnusssoße. Etwas verrückt, aber es funktioniert auch mit Brot. Meine Familie war auch erst skeptisch, mittlerweile sind sie aber mehr als überzeugt. Also, probiere es aus und überrasche deine Gäste.

ZUBEREITUNG SPIESSE

Baguette oder Brötchen in Scheiben schneiden, jeweils drei Scheiben längs auf einem Holzspieß aufspießen, auf ein Backblech legen und im Backofen bei 160 °C (Ober-/Unterhitze) 5 Minuten trocknen. Währenddessen die restlichen Zutaten in einer breiten Pfanne zusammen aufkochen lassen. Die Spieße aus dem Ofen nehmen, in die Marinade tauchen, so dass alles bedeckt ist. Lege alles wieder auf das Backblech und backe die Spieße weitere 15 Minuten. Mit der Erdnusssoße servieren.

ZUBEREITUNG ERDNUSSSOSSE

Alle Zutaten miteinander vermischen und bei Bedarf mit dem Stabmixer pürieren. Abschmecken und eventuell nachwürzen. Anschließend die gehackten Erdnüsse untermischen.

Wenn was übrig bleibt:

Baguette, helle Brötchen

Zutaten für 8 Spieße

24 Scheiben Baguette oder Brötchen
300 ml Kokosmilch
2 Knoblauchzehen gepresst
1 kleine Chilischote in kleine Scheiben geschnitten
2 TL Zitronensaft
2 TL Tomatenmark
2 TL Agavendicksaft
2 TL Erdnussbutter
Salz zum Abschmecken

Zutaten für Erdnusssoße

3 Knoblauchzehen kleingehackt
8 EL Erdnusbutter
8 EL Wasser
3 EL Zitronensaft
1 EL Sojasauce
2 EL Agavendicksaft
1 Chilischote in Ringe geschnitten
3 EL Erdnüsse kleingehackt

10_IM GLAS

Aufge-WECKt.

Wähle dein Topping*

Frosting:
50 g Butter mit einem Stabmixer oder der Küchenmaschine schaumig schlagen, 150 g Puderzucker dazugeben und 1-2 Minuten weiterrühren. Einen Spritzer Zitronensaft dazugeben und nach und nach 100 g Frischkäse unterrühren. Gleichmäßig auf den Karottenkuchen streichen und dekorieren. Gerne kannst du jetzt noch Karottenstifte darüberstreuen oder Marzipankarotten auflegen.

Zuckerguss:
100 g Puderzucker mit 2 EL Zitronensaft verrühren, über den Kuchen geben und trocknen lassen. Nach Belieben verzieren!

KAROTTENKUCHEN IM GLAS

Karottenkuchen nur zu Ostern? Von wegen! Im Glas gibt es meinen Karottenkuchen im Sommer, Winter, bei vielen Geburtstagen und immer gerne als Küchengeschenk.

ZUBEREITUNG

Backwaren in grobe Stücke schneiden, in der Küchenmaschine zerkleinern und zur Seite stellen. Die geschälten Karotten raspeln und ebenfalls zur Seite stellen. Die Mandeln klein hacken. Die zerkleinerten Backwaren und die Karotten zu den Mandeln geben und alles miteinander verrühren. Die restlichen Zutaten einfüllen und auf kleiner Stufe zu einem Teig verarbeiten. Die Einmachgläser heiß ausspülen und von innen mit etwas Öl einfetten. Die Gläser nun zu 3/4 mit Teig befüllen. Dabei muss der Rand sauber sein, bevor du das Glas fest verschließt. Die Gläser in eine Auflaufform geben und einen Zentimeter Wasser einfüllen, es geht auch die Fettpfanne des Backofens. Die Auflaufform auf ein Backblech stellen und den Kuchen bei 180°C (Ober-/ Unterhitze) 45 Minuten backen. Wenn du kleinere Gläser verwendest, verkürzt sich die Backzeit. Aus dem Ofen holen, abkühlen lassen und kühl und dunkel lagern. So kannst du ihn länger aufbewahren. Nasche den Kuchen direkt aus dem Glas oder stürze ihn auf einen Teller - **dann aber unbedingt mit Topping!***

Entweder das sogenannte Frosting oder du verzierst mit Zuckerguss.

Wenn was übrig bleibt:

Weißbrot, Weizenbrötchen, Baguette

Zutaten für 4 Gläser

- **200 g Backwaren**
- **300 g Karotten geschält**
- **200 g Mandeln**
- **150 g braunen Zucker**
- **1 Päckchen Backpulver**
- **1 Päckchen Vanillezucker**
- **1 TL Natron**
- **1 TL Zimt**
- **1 TL Essig**
- **120 ml Milch**
- **140 ml Sonnenblumenöl**

SCHOKOKUCHEN IM GLAS

Das ist das perfekte Geschenk für die Kollegen, die besten Freunde oder für dich selbst. Schokokuchen hat Wunderkräfte - er hebt schlagartig meine Laune.
Du kannst ihn mit einer Kerze als Geburtstagskuchen verschenken, aus dem Glas naschen oder auch aus dem Glas auf einen Teller stürzen und mit Puderzucker oder Kuvertüre dekorieren. Wenn du ihn aus dem Glas gestürzt hast, einfach auf die Seite legen und in Scheiben schneiden. Eine Kugel Vanilleeis darauf und das Dessert ist gerettet.

ZUBEREITUNG

Backwaren in grobe Stücke schneiden und in der Küchenmaschine zerkleinern. Zucker, Kakaopulver, Backpulver und Vanillezucker zu den zerkleinerten Backwaren geben. Die Schokolade im Wasserbad schmelzen und ebenfalls zu den anderen Zutaten geben. Milch und Öl zufügen und alles zu einem Teig verrühren. Die Gläser heiß ausspülen und einfetten. Den Teig zu 3/4 in die Gläser füllen. Sollte der Rand mit Teig beschmiert sein, säubere ihn, bevor du den Deckel auflegst. Die Gläser verschließen und in eine Auflaufform oder die Fettpfanne des Ofens stellen, so viel Wasser einfüllen, dass die Gläser einen Zentimeter im Wasser stehen. Den Backofen auf 180 °C (Ober-/Unterhitze) stellen und den Kuchen 45 Minuten backen. Wenn du ihn auf kleinere Gläser verteilst, verkürzt sich die Backzeit. Den Kuchen abkühlen lassen und kühl und dunkel lagern.

Wenn was übrig bleibt:

Weißbrot, Brötchen, Baguette

Zutaten für 4 Gläser

250 g Backwaren
250 g Zucker
50 g Kakaopulver
1 Päckchen Backpulver
1 Päckchen Vanillezucker
100 g Schokolade
120 g Sonnenblumenöl oder Kokosöl
350 ml Milch

JOHANNISBEER-KNÖDEL AUS DEM GLAS

Der Klassiker. Aus „altem Brot" lassen sich ja bekanntlich die tollsten Knödel zaubern. Ich habe bewusst die Anzahl der Knödelrezepte in diesem Buch sehr gering gehalten. Aber diese süße Variante ist ein wahrer Sommertraum, den ich euch einfach nicht vorenthalten darf.

Wenn was übrig bleibt:

Hefegebäck, Brioche

Zutaten für 4 Gläser

400 g Hefegebäck
250 g Johannisbeeren
500 ml Milch
75 g brauner Zucker
100 g Mandeln gemahlen
100 g Mandeln gehobelt
1/2 Vanilleschote ausgekratzt alternativ 1/2 Päckchen Vanillezucker

ZUBEREITUNG

Die Milch in einem Topf erwärmen, das Hefegebäck in kleine Würfel schneiden und mit der Milch übergießen. Die Johannisbeeren mit einer Gabel von den Rispen abstreifen und vorsichtig mit Zucker, Vanille und den Mandeln vermischen. Die Gebäckwürfel mit den Händen aus der Milch heben und zu den anderen Zutaten geben. Mit den Händen den Teig vorsichtig kneten. Wenn der Teig zu trocken ist, gib noch etwas Milch dazu, ist er zu weich, gib etwas Speisestärke oder Paniermehl dazu. Die Gläser heiß ausspülen und mit Öl einfetten. Den Teig bis zu einem Zentimeter unter den Rand des Glases einfüllen. Den Teig fest in das Glas drücken, damit keine Luftblasen entstehen, den Rand säubern und mit dem Deckel verschließen. Die Gläser in die Fettpfanne des Ofens oder alternativ in eine Auflaufform stellen, Wasser einfüllen, bis die Gläser einen Zentimeter im Wasser stehen, und das Ganze im Ofen bei 180 °C (Ober-/Unterhitze) 45 Minuten backen. Anschließend kühl und dunkel lagern. Zum Servieren aus dem Glas stürzen und in Scheiben in der Pfanne in heißem Öl anbraten. Mandelblättchen in einer Pfanne ohne Öl leicht rösten und über die Knödel streuen.

Salz und Brot zum Einzug - diese Tradition stammt aus dem Mittelalter. Früher war Salz so wertvoll wie Gold und Brot das wichtigste Lebensmittel in jedem Haushalt. Doch sie standen unangemeldeten Besuchern auch stets als Stärkung zur Verfügung. Im Glas hält sich das "neue Brot" länger und ist außerdem ein tolles (Einzugs-) Geschenk!

„NEUES" BROT

Was könnte passender sein, als ein Brot-aus-Brot-Rezept am Ende dieses Buches! Das funktioniert tatsächlich. Ich habe dir ein Grundrezept geschrieben, allerdings kannst du hier auch nach Herzenslust variieren. Statt der Sonnenblumenkerne und Leinsamen kannst du auch andere Körner, Saaten und Nüsse mit untermischen. Ersetze das Öl durch Knoblauchöl, Salz durch Pesto, gib ein paar Röstzwiebeln dazu oder mische ein paar Kräuter in den Teig. Auch Karotten, getrocknete Tomaten oder Mais schmecken lecker im Brot. Durch das Backen im Glas hast du auch gleich Brot auf Vorrat.

ZUBEREITUNG

Backwaren grob zerkleinern und in der Küchenmaschine fein mahlen. In eine Schüssel füllen, Hefe und Salz zugeben und miteinander vermischen. Das warme Wasser dazugießen, die Schüssel abdecken und an einem warmen Ort eine halbe Stunde stehen lassen. Olivenöl, Sonnenblumenkerne und Leinsamen dazugeben, zu einem Teig verkneten und eine weitere halbe Stunde ruhen lassen. Den Teig nochmals mit den Händen kneten.

Die Gläser heiß ausspülen und mit Öl von innen einpinseln. Paniermehl in die Gläser geben und schwenken, bis das Paniermehl die Glasinnenseite und den Boden bedeckt. Den Teig in die Gläser füllen. Die Gläser in die Fettpfanne des Backofens oder in einer Auflaufform in den Backofen stellen und so viel Wasser zufügen, dass die Gläser 2 cm im Wasser stehen. Die Brote bei 180 °C (Umluft) 40 Minuten backen. Die Brote aus dem Ofen holen, abkühlen lassen und die Ränder sauber machen. Die Gläser mit den Deckeln verschließen und kühl aufbewahren.

Wenn was übrig bleibt:

Weißbrot, Baguette, helle Brötchen

Zutaten für 3 große Gläser

500 g Backwaren
1 TL Salz
100 g Sonnenblumenkerne
50 g Leinsamen
100 ml Olivenöl
1 Päckchen Trockenhefe
500 ml warmes Wasser
Öl und Paniermehl für die Gläser

TAUSCH-BOX

Die meisten Gerichte kommen ohne **Fleisch** aus, du kannst es aber nach Lust und Laune integrieren. Speck, Salami, Schinken, Würstchen- oder Bratenreste, du kannst so ziemlich alles verwenden, was du noch im Kühlschrank hast. Aber natürlich auch Gemüse statt Fleisch, Tomaten oder Paprikawürfel passen in den meisten Fällen.

Sahnesteif schnell selbst gemacht. Mische einfach 1 EL Stärke mit 1 EL Puderzucker.

Hafer, Kokos, Reis, Soja, Erbse oder Mandel – es gibt inzwischen viele leckere pflanzlichen Alternativen zur **Kuhmilch.**

Ob Brot oder Brötchen... schau einfach was du hast und was du tauschen magst. In den Rezepten habe ich die **Backwaren** verwendet, die meiner Meinung nach am besten passen. Aber auch hier zähle ich auf deine Phantasie.

Butter lässt sich durch Margarine oder Kokosöl ersetzen. In einigen Rezepten kannst du auch neutrales Pflanzenöl als Ersatz verwenden.

Ärgerlich, wenn beim Backen oder Kochen die **Eier** ausgehen. Gut wenn man dann Bananen, Apfelmus oder Leinsamen als Ersatz zu Hause hat.

Keine **Kuvertüre** im Haus? Kein Problem. Eine Tafel Schokolade mit 1 EL Kokosöl oder neutralem Öl im Wasserbad schmelzen und wie Kuvertüre verwenden.

Getrocknete Früchte gibt es in vielen Sorten, verwende was du am liebsten magst. Datteln oder Feigen sollten kleingeschnitten werden, besonders hartes Trockenobst kannst du in Saft einweichen, dann lässt es sich besser verarbeiten.

Mandeln, Erdnüsse oder **Nüsse** lassen sich leicht untereinander austauschen, ebenso Nussmus, Mandelmus oder Erdnussbutter.

Statt **Sonnenblumenkernen und Leinsamen** kannst du auch Kürbiskerne, Pinienkerne, Buchweizen, Sesam, Hanfsamen, Chiasamen, Amaranth, Haferflocken, Cornflakes, gepufftes Getreide, Quinoa oder Samen, Flocken und Kerne deiner Wahl verwenden.

Zum Süßen kannst du statt weißem Zucker auch braunen **Zucker**, Kokosblütenzucker, Rohrzucker, Honig, Dicksaft, Apfelmus, Ahornsirup, Reissirup, Zuckerrübensirup, Agavendicksaft, Rohrohrzucker, Bananen oder Konfitüre verwenden.

Backpulver kann gut mit Natron und einem Teelöffel Zitronensaft oder Essig ersetzt werden. Verwende hierbei etwas weniger Natron, als Backpulver im Rezept angegeben ist.

Alexander
Qualitätskontrolle
Jacob
Sous Chef

RESTLOS GLÜCKLICH!

Ich hatte das tollste Team,
das man sich wünschen kann!

REZEPT-IDEEN

Vielleicht hast du ja auch noch ganz eigene Ideen, um Lebensmittel vor dem Wegwerfen zu bewahren...

Wenn ihr kein Brot habt,
dann esst doch Kuchen.

Marie Antoinette

DIE WICHTIGSTEN
ZUTATEN FÜR DIE
REZEPTE AUS DIESEM
BUCH SIND
LEIDENSCHAFT,
KREATIVITÄT UND
NATÜRLICH
TROCKENE
BACKWAREN!

WENN WAS ÜBRIG BLEIBT

Hier findest du eine Auflistung der Rezepte, sortiert nach den übrig gebliebenen Backwaren. Wenn vom Sonntagsfrühstück der Hefezopf übrig ist, dann lass dich unter dieser Rubrik inspirieren, was du damit noch zaubern kannst.

BAGUETTE

WEISSBROT

BRÖTCHEN

BROT

HEFEGEBÄCK

CROISSANT

KUCHEN

KEKSE

LAUGENGEBÄCK

IMPRESSUM

Bäckerei & Konditiorei Huck
Tanja Huck
Max-Holder-Straße 20
60437 Frankfurt
Tel. : +49 69 978 435 23
E-Mail: presse@huckgmbh.de
www.baeckerei-huck.de

Redaktion
Tanja Huck
Sandra Heincke

Fotos
Katrin Janek
Christian Grau

Gestaltung
CREATUR | www.creaturgrafik.de

Druck
Druckerei Spiegler GmbH
www.druckerei-spiegler.de

vortaegliches_Brot

vortaegliches_Brot

9 783000 670497

DAS IST UNS WICHTIG!

NACHHALTIG

Klimaneutral gedruckt
mit First Climate bei
DRUCKEREI SPIEGLER

Auch beim Druck dieses Buches haben wir auf Ressourcenschonung gesetzt!
Die Innenseiten sind auf 135 g/qm Gardapat 11 gedruckt - mit FSC®-Zertifizierung.
Verpackt wurde dieses Buch mit einer recyclingfähigen Folie der Kategorie Code 04.

REGIONAL

Uns war es wichtig, dass das Buch von einer regional ansässigen Offset-Druckerei gedruckt wird, die außerdem auf einen klimaneutralen Druck Wert legt.

Druckerei Spiegler GmbH
Im Rosengarten 23
61118 Bad Vilbel
Telefon 06101 80272-0

www.druckerei-spiegler.de

SOZIAL

Wir danken der Druckerei Spiegler von ganzem Herzen für die Unterstützung dieses Projektes.